Padres y Madres Emocionalmente Inmaduros: cómo sanar y superar las secuelas

La información contenida en este libro se basa en las investigaciones y experiencias personales y profesionales del autor y no debe utilizarse como sustituto de una consulta médica. Cualquier intento de diagnóstico o tratamiento deberá realizarse bajo la dirección de un profesional de la salud. La editorial no aboga por el uso de ningún protocolo de salud en particular, pero cree que la información contenida en este libro debe estar a disposición del público. La editorial y el autor no se hacen responsables de cualquier reacción adversa o consecuencia producidas como resultado de la puesta en práctica de las sugerencias, fórmulas o procedimientos expuestos en este libro. En caso de que el lector tenga alguna pregunta relacionada con la idoneidad de alguno de los procedimientos o tratamientos mencionados, tanto el autor como la editorial recomiendan encarecidamente consultar con un profesional de la salud.

Título original: Recovering From Emotionally Immature Parents
Traducido del inglés por Elsa Gómez Belastegui
Diseño de portada: Editorial Sirio, S.A.
Maquetación: Toñi F. Castellón

© de la edición original
2019 de Lindsay C. Gibson

Esta edición se ha publicado por acuerdo con New Harbinger Publications
a través de Yañez, parte de International Editors' Co.

© de la presente edición
EDITORIAL SIRIO, S.A.
C/ Rosa de los Vientos, 64
Pol. Ind. El Viso
29006-Málaga
España

www.editorialsirio.com
sirio@editorialsirio.com

I.S.B.N.: 978-84-19105-73-8
Depósito Legal: MA-327-2023

Impreso en Imagraf Impresores, S. A.
c/ Nabucco, 14 D - Pol. Alameda
29006 - Málaga

Impreso en España

Puedes seguirnos en Facebook, Twitter, YouTube e Instagram.

 El papel utilizado para la impresión de este libro está **libre de cloro** elemental (ECF) y su procedencia está certificada por una entidad independiente, no gubernamental, que promueve la sostenibilidad de los bosques. PEFC

Lindsay C. Gibson

Padres y Madres Emocionalmente Inmaduros: cómo sanar y superar las secuelas

Herramientas prácticas para establecer límites y recuperar tu autonomía emocional

EDITORIAL SIRIO

Nota del editor

Todos los ejemplos presentados en este libro son casos de personas que han dado su consentimiento para que se incluyan y se citen en esta obra. Los datos identificativos de cada cliente de psicoterapia se han modificado, y combinado con los de otros clientes en algunos casos, para preservar la máxima confidencialidad. Los ejemplos utilizados representan las experiencias de muchos otros clientes también, y se han elegido precisamente por su universalidad.

Aunque este y otros libros puedan ser de gran utilidad, ninguno de ellos puede sustituir a las sesiones de psicoterapia, los grupos de apoyo u otras formas de ayuda presencial. Este libro no pretende ser un sustituto, sino un complemento, de la psicoterapia. Es importante que si los lectores sienten necesidad de ello, busquen un psicoterapeuta que los ayude a aclarar y resolver cuestiones que puedan presentarse al leer estas páginas.

Para Skip.
Hasta el infinito y más allá

Índice

Introducción

U n día mientras escuchaba a una cliente hablar de su padre, me di cuenta de que aquel hombre no era solo voluble y abusivo; era patológicamente *inmaduro*. Tenía la impetuosidad y el egocentrismo de un niño muy pequeño y una total indiferencia por cómo podía afectarle eso a ella. A nivel emocional, era un gigante de dos años; en el mejor de los casos, de catorce. Pensé en la cantidad de clientes a los que había conocido en las sesiones de psicoterapia cuya infancia había estado ensombrecida por el carácter imprevisible y las reacciones destempladas de su padre o su madre. Habían crecido en cautividad, sometidos a los dictados de unos progenitores emocionalmente inmaduros, progenitores con la psique de un infante, pero armados con una autoridad despótica y un imponente cuerpo adulto. Ese día tuve una sensación nueva de esta clase de padres: despojados de la falsa autoridad con la que se habían investido, vi que eran unos vulgares matones.

Otros clientes tenían un padre o una madre emocionalmente inmaduros (EI) un poco menos excesivos, pero tan distantes, o incluso manifiestamente despreciativos a veces, que los hijos crecían con un profundo sentimiento de soledad y privados de conexión emocional. Aunque socialmente estos padres solían dar una imagen de personas competentes y responsables, vivían tan centrados en sí mismos y tenían tan poca empatía que no eran capaces de relacionarse de verdad con sus hijos. Y había aún otros clientes cuyos padres EI eran aceptablemente agradables, pero traicionaban a sus hijos desapareciendo de escena cada vez que el niño o la niña tenía un problema serio o necesitaba protección.

Por distinto que fuera su comportamiento superficial, los padres EI de mis clientes eran iguales bajo la piel: todos carecían de empatía, todos eran egocéntricos y ninguno tenía la capacidad para establecer con sus hijos una conexión emocional que les hiciera sentirse queridos. En general, muchos de mis clientes se criaron en un ambiente familiar caracterizado por el conflicto y las burlas, y privados de una comunicación íntima.

La paradoja es que muchos padres EI suelen comportarse como verdaderos adultos en otros contextos, y por ejemplo se desenvuelven bien en el trabajo o con su grupo de amigos. A juzgar por su apariencia, cuesta creer que en casa sean capaces de causarles tanta infelicidad a sus hijos.

De pequeños, a mis clientes les creaba una profunda confusión esa contraposición de personalidades que veían en sus padres, y lo único que se les ocurría era culparse. Los que se sentían maltratados o ignorados pensaban que la culpa era suya porque no eran lo bastante encantadores o interesantes y no merecían del todo que los quisieran. Luego, en la edad adulta, estos clientes consideraban que sus necesidades emocionales no eran legítimas, se culpabilizaban por estar enfadados con sus padres y excusaban el trato que habían recibido de ellos en la niñez o le quitaban importancia: «Es verdad que me pegaban, pero en aquella época había muchos padres que pegaban a sus hijos».

El problema de crecer con unos padres emocionalmente inmaduros

Pasar la infancia con unos padres EI puede crear en los niños un sentimiento de soledad que se prolongue en el tiempo, así como una ambivalencia ante las relaciones en general. Esa soledad emocional es la consecuencia de sentirse invisibles y no recibir respuesta de sus padres por mucho que intenten conectar y comunicarse con ellos. Luego, de adultos, con frecuencia esos niños se sienten atraídos por parejas y amigos que los decepcionarán y les causarán dolor, y todo porque de entrada les resulta muy familiar su egocentrismo y su negativa a conectar a un nivel emocional profundo.

Cuando les hablo a mis clientes sobre los padres emocionalmente inmaduros, muchos reconocen en mis palabras lo que ellos vivieron. Es como si se les encendiera una bombilla. Entienden por qué sentían que el amor de sus padres era un amor egoísta y que estos rechazaran cualquier intento suyo por establecer una conexión emocional más profunda. Una vez que se dan cuenta de la inmadurez emocional de sus padres, hay momentos cruciales de su infancia que por fin cobran sentido. Afortunadamente, una vez que comprenden las limitaciones emocionales de sus progenitores con más objetividad, ya no necesitan seguir siendo prisioneros de su inmadurez.

Lo perjudicial no es solo el maltrato de hecho. La idea general que tienen estos padres de la crianza es emocionalmente insana y crea un clima de ansiedad y desconfianza mutua. Tratan a sus hijos de una forma tan superficial, coercitiva y sentenciosa que minan la capacidad de estos para confiar en sus propios pensamientos y sentimientos, lo cual dificulta que desarrollen la intuición, seguridad en sí mismos, eficacia y autonomía naturales.

Como hijo o hija de unos padres EI, quizá aprendiste a callarte para no alterar el precario equilibrio familiar, ya que era fácil que tu espontaneidad hiriera los sentimientos de un padre o una madre extremadamente susceptibles. Con sus reacciones inmoderadas, estos padres enseñan a sus hijos a inhibirse, a adoptar una actitud pasiva y asentir a todo, en lugar de ayudarlos a desarrollar su individualidad y la confianza en los demás. Para evitar problemas y llevarte lo mejor posible con unos padres como estos, lo más fácil en aquellos momentos fue desconectarte de quien eras y de lo que realmente querías; pero, a la larga, has acabado cargando con el peso de la obligación, la culpa y la vergüenza, y quedándote atrapado en el papel que representabas entonces en la familia. Por suerte, cuando comprendes el comportamiento de tus padres y el efecto que tuvo en ti, tu vida puede ser tuya de nuevo.

El propósito de este libro

Que comprendas cómo te ha afectado la inmadurez emocional de tus padres es precisamente el propósito de este libro. Hasta que te des cuenta de lo que sus limitaciones psicológicas suponen en la práctica, quizá te culpes sin razón o sigas esperando en vano a que cambien. Este libro te ayudará a tomar conciencia de lo que has tenido que soportar y a entender a la vez a tu padre o a tu madre con la mayor profundidad posible.

Vas a aprender a nombrar y explicar características y comportamientos de la inmadurez emocional que hasta no se han definido en lenguaje común. Mi objetivo al escribir este libro es ofrecerte un vocabulario con el que puedas identificar todo lo que sucede en las relaciones emocionalmente inmaduras, tanto lo que ocurre *entre tú y ellos*, como lo que ocurre *dentro de ti* cuando te resignas a tolerar su forma de ser. Una vez que eres capaz de identificar las cosas, puedes hacerles frente. El impacto que te causaron estas personas emocionalmente inmaduras no tiene por qué dominar tu vida. Tienes la posibilidad de descubrir cuáles han sido sus repercusiones y neutralizarlas.

A lo largo del libro, encontrarás también ejercicios de redacción que te ayudarán a fortalecer tu conciencia de quien eres y a percibir con más claridad tu papel en la relación con tus padres y otras personas EI. Espero que estos ejercicios interactivos te resulten útiles y divertidos.

Es el momento oportuno para comprender la inmadurez emocional

El problema de la inmadurez emocional nunca ha sido tan acuciante. Los comportamientos a los que da lugar están cada vez más extendidos y causan un enorme sufrimiento en todos los ámbitos de la vida. Como las personas emocionalmente inmaduras están empeñadas en dominar y se sienten más importantes que nadie, no dejan ni espacio ni medios para que los demás puedan ser de verdad quienes son. Investidos de esa importancia personal, que desde su punto de vista justifica cualquier cosa que hagan, niegan sin contemplaciones los derechos de los demás y dan rienda suelta a los malos tratos, los abusos, el acoso, los prejuicios, la explotación y toda clase de corrupciones.

Por desgracia, la falta de introspección que caracteriza al líder emocionalmente inmaduro le permite dar una imagen de persona fuerte y segura de sí misma con la que consigue partidarios, que acaban apoyando programas en los que se tienen muy poco en cuenta sus intereses y que en realidad benefician casi exclusivamente al líder. Nuestra vulnerabilidad a la autoridad egocéntrica comienza en la infancia, cuando unos padres emocionalmente inmaduros nos enseñan que nuestros pensamientos no valen tanto como los suyos y que debemos aceptar lo que ellos digan. Es fácil entender que esta clase de educación pueda crear en los niños una propensión a ser con el tiempo presas del extremismo, la explotación o incluso alguna secta.

Aprender sobre la inmadurez emocional te ayudará a entender todo tipo de comportamiento EI y a saber cómo responder a él, venga de quien venga, ya se trate de tu padre, tu madre, una pareja, un hijo, una hermana, un jefe, un cliente o cualquier otra persona. La dinámica interpersonal será la misma, sea alguien de tu familia o no. Todos los métodos que funcionen con unos padres EI funcionarán también con el resto de los adultos emocionalmente inmaduros.

Resumen de temas

La primera mitad del libro, la primera parte, se centra en la situación a la que has tenido que hacer frente, es decir, describe lo que es haber crecido con unos padres emocionalmente inmaduros —o tener una relación con cualquier otra persona EI— y sugiere qué hacer al respecto. En el capítulo uno exploraremos cómo es relacionarse con un padre o una madre EI. Conocerás a fondo su característico *sistema de relación emocionalmente inmadura* (SREI) y las estrategias que emplean para hacerte responsable de su autoestima y estabilidad emocional. Descubrirás también posibles razones por las que han acabado comportándose como lo hacen.

El capítulo dos describe con detalle las características de la personalidad EI. Aprenderás además a detectar las *coacciones emocionales* y las tácticas de *dominación emocional* que emplean, y sabrás que las personas EI se aprovecharán de tus inseguridades y temores, tu sentimiento de culpa y tu vergüenza para situarse por encima de ti en la relación.

En el capítulo tres examinaremos lo que ha supuesto para ti tratar de tener una relación satisfactoria con tu padre o madre EI. Veremos diferentes tipos de padres y madres emocionalmente inmaduros, y sabrás por qué evitan la intimidad emocional. Aprenderás a mirar con más objetividad a tus padres EI, a vivir el duelo por lo que no recibiste de ellos y a dar el paso hacia una relación más compasiva y leal contigo y con los demás.

El capítulo cuatro te enseñará a no dejarte atrapar en la dinámica de las personas EI, a cuestionar sus distorsiones de la realidad y sus urgencias emocionales. Aprenderás a poner límites y a detectar cuándo y cómo responder a sus peticiones de ayuda. Te darás cuenta de que la presión a la que te someten te desconecta de ti y hace que te sientas responsable de su felicidad, aun sabiendo que no lo eres.

En el capítulo cinco aprenderás qué decir y hacer exactamente en respuesta a los clásicos comportamientos EI. Aprenderás a esquivar la presión, a llevar la voz cantante en vuestras interacciones y a impedir que ninguna persona emocionalmente inmadura tome el control.

El capítulo seis habla de las innumerables maneras en que los padres y otras personas EI van socavando tu autoestima y la confianza en tus intuiciones. Estas personas manifiestan su hostilidad hacia tu vida interior burlándose de tus percepciones, pensamientos y sentimientos y haciéndote dudar de ellos. En este capítulo aprenderás a ser inmune a esa humillación manteniéndote fiel a tu experiencia interior.

En la segunda mitad del libro, la segunda parte, ahora que hemos entendido el funcionamiento de las personas EI y cómo tratarlas, el objetivo será fortalecer tu individualidad a pesar de ellas. Cuanto más te centres en madurar tú, más neutralizarás los efectos de haber crecido con unos padres emocionalmente inmaduros.

En el capítulo siete entenderás por qué valorar tu mundo interior es fundamental para restablecer una relación sólida contigo. La decisión de ser leal a tu yo interior te hará confiar en ti, y escucharás lo que te dicen tus sentimientos porque sabrás que contienen información inestimable sobre qué necesita de tu atención.

El capítulo ocho te muestra cómo renunciar al estilo de pensamiento emocionalmente inmaduro que te inculcaron en la infancia y dar cabida, por fin, a tu propia manera de pensar. Aprenderás a deshacerte de las dudas que te causó la intransigencia de unos padres EI que rechazaban cualquier punto de vista distinto del suyo. A medida que despejes la mente de la confusión que han provocado las influencias emocionalmente inmaduras de tus padres, tendrás menos preocupaciones obsesivas y te criticarás menos.

En el capítulo nueve actualizarás y expandirás el concepto que tienes de ti. Es poco probable que unos padres EI te ayudaran a crearte una imagen clara de persona segura de sí misma. Lo más probable es que, por el contrario, te enseñaran a ser dócil, y eso te hizo creer que las necesidades y los sentimientos de los demás eran más importantes que los tuyos. A medida que actualices el concepto que tienes de ti, empezarás a apreciar todo lo que aportas al mundo. Aprenderás también a desmantelar cualquier concepto distorsionado u obsoleto que tengas de ti.

En el último capítulo, sintetizarás todo lo que has aprendido. Revisarás los términos secretos del contrato de relación EI al que tácitamente te has sometido hasta el presente, y verás si ha llegado el momento de poner tu relación en un plano de mayor igualdad. Recuperarte de la inmadurez emocional significa primordialmente establecer una relación de lealtad y compromiso con tu ser interior y tu bienestar. Aprenderás además a transformar la relación con tus padres y otras personas EI para que sea lo mejor posible, sin sacrificar tu integridad ni culparlos.

Finalmente, en el epílogo, recibirás una nueva «declaración de derechos» redactada para todos los hijos e hijas adultos de padres emocionalmente inmaduros. Estos derechos expresan las ideas principales del libro y pueden utilizarse como recordatorio rápido de lo que has aprendido.

Mi mayor deseo

Confío en que termines la lectura de este libro sintiéndote comprendido y con ganas de descubrir lo que es vivir sintiéndote dueño de tu vida, con un nuevo sentimiento de conexión contigo mismo y de compasión hacia la persona que eres. Tus padres te dieron la vida y te dieron amor, pero solo del tipo que ellos conocían. Puedes honrarlos por ello, pero deja de darles un poder injustificado sobre ti a costa de tu bienestar emocional. Tu misión ahora es tu propio crecimiento interior: ser un individuo capaz de relacionarse en plenitud consigo mismo y con los demás. Sería mi sueño hecho realidad que este libro te resultara útil en el viaje.

A lo que has tenido que enfrentarte

Cómo tratar con la inmadurez emocional

En esta primera parte del libro, hablaremos sobre lo que se siente al tratar con unos padres emocionalmente inmaduros, sobre cómo llegaron a ser así, las características de su personalidad y por qué es tan difícil tener una relación satisfactoria y sincera con ellos. Aprenderás técnicas y estrategias de interacción para proteger tus límites y salvaguardar tu bienestar, a pesar de sus distorsiones emocionales y sus intentos de dominarte. Entenderás por qué ser fiel a ti mismo es tan importante cuando estás con ellos y descubrirás cómo resistirte a sus apremiantes exigencias y coacciones emocionales.

Capítulo 1

Tu padre o tu madre emocionalmente inmaduros

Cómo es tratar con ellos y cómo han llegado a ser así

L os padres emocionalmente inmaduros (EI) son frustrantes y desmoralizadores. Es difícil querer a un padre o una madre que, debido a su bloqueo emocional, espera que le rindas honores y le des un trato preferente, pero que al mismo tiempo intenta controlarte y anularte.

Lo que caracteriza la relación con un padre o una madre EI es que no satisface tus necesidades emocionales. Estos padres tienen poco interés en experimentar esa *intimidad emocional* en la que dos personas llegan a conocerse y a entenderse a un nivel profundo. Compartir los sentimientos más íntimos crea un vínculo fuerte y satisfactorio en el que ambas partes saben lo valiosas que son la una para la otra, pero esto no es algo que a los padres EI les resulte natural ni fácil.

A veces vislumbras en ellos un deseo fugaz de auténtica conexión, y eso te mueve repetidamente a acercarte. Por desgracia, cuanto más te acercas, más se vuelven a alejar, recelosos de la intimidad verdadera. Es como estar bailando con alguien que, en perfecta sincronía, da un paso atrás cada vez que tú das un paso adelante. Que reclamen tu atención pero a la vez se pongan en guardia para evitar la intimidad crea una relación de quiero pero no quiero, que a ti te deja insatisfecho y te hace sentirte muy solo. Aunque tu madre y tu padre te importan de verdad, no consigues acercarte a ellos lo suficiente para poder tener una relación auténtica.

Una vez que comprendas por qué son así, le encontrarás sentido a todo lo que experimentas cuando tratas con ellos y entenderás también la soledad emocional que sientes. Comprender la psique emocionalmente inmadura te permitirá tratar con tus padres o con cualquier otra persona EI de un modo que te libere de sus *coacciones emocionales* y establecer por tanto una relación más genuina, sabiendo qué puedes y qué no puedes esperar de ellos.

En este capítulo, vamos a examinar lo que significa en la práctica entrar en el juego de estos padres caracterizados por la tacañería emocional. Aprenderás sobre el *sistema de relación emocionalmente inmadura* (SREI) que utilizan como sustituto del amor y verás cómo probablemente estos padres llegaron a ser así.

Como parte del proceso de exploración, te sugiero que lleves un diario de lo que vayas descubriendo a medida que avanzas. A lo largo del libro, encontrarás ejercicios que te ayudarán a procesar lo que lees. Cada vez que descubras algo sobre ti y tomes nota de ello —a ser posible en un diario distinto, destinado expresamente a este fin—, te estarás dando aprobación y apoyo emocional inestimables, dos cosas de las que no están muy sobrados los padres EI.

El proceso de escritura te ayudará a poner nombre, al fin, a experiencias antes esquivas e indefinidas. Anota los sentimientos, recuerdos y percepciones que surjan mientras lees, ya estén relacionados con tus padres o con cualquier otra persona EI que hayas conocido. Cada vez que anotes una experiencia o descubrimiento, deja un par de líneas en blanco a continuación para que puedas incluir posteriores reflexiones. Será muy valioso poder mirar atrás dentro de un tiempo y ver dónde empezaste. Con este espíritu de descubrimiento, veamos qué te ha traído a este libro.

Ejercicio: Por qué escogiste este libro

Piensa un momento en qué te atrajo de él. En tu diario, o de momento en un papel, escribe lo que te llamó la atención cuando leíste el título. ¿Qué esperabas descubrir en este libro, y relacionado con quién? ¿Cómo te hace sentirte esa persona? ¿En qué te gustaría que fuera diferente tu relación con ella? En caso de que ya no esté viva, ¿cómo te gustaría que hubiera sido vuestra relación?

Examinemos ahora lo que supone en la práctica relacionarse con un padre o una madre emocionalmente inmaduros —o cualquier otra persona EI— y cómo te hace sentirte. Esto puede sacar a la superficie experiencias dolorosas del pasado, así que, como en cualquier proceso de autodescubrimiento, por favor, *cuenta con la ayuda de un psicoterapeuta si lo consideras necesario*.

Qué supone tratar con ellos

Los padres y demás personas EI tienen un estilo de interacción que es fácil de reconocer. Estas son diez características del tipo de relación que ofrecen y de lo que te hace sentir:

1. Estando con ellos, te sientes emocionalmente solo

Crecer con esta clase de padres fomenta la *soledad emocional*. Aunque tu padre o tu madre estuvieran físicamente presentes, tal vez te dabas cuenta de que a nivel emocional tenías que arreglártelas solo. Aunque quizá te sintieras unido a ellos por un vínculo familiar, eso es muy diferente de una relación paterno o maternofilial emocionalmente segura.

A los padres EI les gusta decirles a sus hijos lo que tienen que hacer, pero el mundo de las emociones los pone tan nerviosos que son incapaces de ofrecerles la comprensión y la orientación que necesitan. Es probable que los cuiden con esmero si están enfermos, pero no saben qué hacer con los sentimientos heridos o los corazones rotos. Como consecuencia, sus intentos por calmar a un niño angustiado resultan torpes y hasta cierto punto artificiales.

2. La interacción resulta frustrante porque solo importan ellos

El egocentrismo y la escasa empatía de los padres emocionalmente inmaduros provocan un desequilibrio en la interacción. Es como si fueran prisioneros de su egolatría.

Cuando te decides a contarles algo que es importante para ti, lo más probable es que te interrumpan, cambien de tema, empiecen a hablar de sus cosas o consideren que es una tontería lo que estás diciendo. Los hijos de padres EI suelen saber mucho más sobre los problemas de sus progenitores de lo que ellos saben sobre los de sus hijos.

Aunque estos padres acuden a ti para que les prestes atención si están disgustados, rara vez te escuchan o empatizan contigo cuando tú tienes un disgusto. En lugar de sentarse contigo y dejar que te desahogues, lo habitual es que te ofrezcan alguna solución superficial, te digan que no te preocupes o incluso se irriten contigo por tu desazón. Es como si tuvieran el corazón cerrado, como si fuera imposible llegarles dentro y recibir un poco de compasión o consuelo.

3. Te sientes coaccionado y atrapado

El padre y la madre emocionalmente inmaduros quieren que entiendas que ellos son los que saben y les dejes mandar. Para conseguirlo, te coaccionarán, encontrarán la manera de avergonzarte, atemorizarte o crearte un sentimiento de culpa hasta que hagas lo que ellos quieren. Es posible incluso que pierdan los estribos y te lancen toda clase de acusaciones si no cumples las reglas.

Mucha gente califica de *manipuladoras* este tipo de coacciones emocionales, pero creo que no es un calificativo acertado. Estos comportamientos son más un instinto de supervivencia. Las personas EI harán lo que sea necesario para sentir que tienen control de la situación y están protegidas en ese momento, indiferentes por completo a lo que pueda suponer para ti.

También es posible que te sientas atrapado en la trivialidad de su discurso. Como estos padres se relacionan solo de forma superficial y egocéntrica, hablar con ellos suele ser muy aburrido. Se ciñen a los temas de conversación en los que se sienten seguros, que rápidamente se vuelven repetitivos y tediosos.

4. Ellos son lo primero, lo tuyo es secundario

Los padres EI son muy dados a hacer comentarios autorreferenciales; es decir, todo gira siempre en torno a ellos. Esperan que antepongas sus necesidades a las tuyas y aceptes un lugar secundario. Elevan sus intereses hasta el punto de que los tuyos parecen insignificantes. No buscan una relación de igualdad. Quieren de ti una ciega lealtad a su necesidad de que se les considere siempre lo primero.

No tener un padre o una madre deseosos de dar prioridad a tus necesidades emocionales puede crearte inseguridad. Preguntarse si pensarán en ti o si, llegado el momento, te cubrirán las espaldas puede hacerte vulnerable al estrés, la ansiedad y la depresión. Son las reacciones lógicas a un entorno infantil en el que no podías confiar en que tu padre o tu madre se dieran cuenta de tus necesidades o te protegieran de las cosas que te intranquilizaban.

5. Evitan intimar emocionalmente contigo y mostrarte sus vulnerabilidades

Pese a ser extremadamente reactivos en el plano emocional, lo cierto es que los padres EI evitan expresar sus sentimientos más profundos (McCullough *et al.* 2003). No quieren exponerse a que se conozcan sus emociones, así que por lo general se esconden tras un muro defensivo. Evitan incluso demostrarles ternura a sus hijos por miedo a que también a ellos los haga demasiado vulnerables. Además, temen que las demostraciones de amor puedan socavar su autoridad como padres, y eso es impensable, ya que autoridad es lo único que creen tener.

Pese a que los padres emocionalmente inmaduros oculten su vulnerabilidad, se permiten manifestar toda clase de emociones intensas cuando se pelean con su pareja, se quejan de sus problemas, se desahogan tras algún percance o sus hijos hacen algo que los pone fuera de sí. Cuando se enfurecen, no parece que tengan ningún miedo de lo que sienten. Pero estos estallidos emocionales son solo una descarga de las presiones acumuladas y una reafirmación de su poder, que es algo muy distinto de estar dispuesto a abrirse a una auténtica conexión emocional.

Por esta razón, es difícil reconfortarlos. Quieren que te des cuenta de lo terriblemente disgustados que están, pero se resisten a la intimidad que supone dejarse consolar. Si intentas hacer algo para que se tranquilicen, es posible que te rechacen sin contemplaciones. Su escasa *capacidad receptiva* (McCullough 1997) les impide aceptar ninguna clase de consuelo y conexión que les ofrezcas.

6. Se comunican por contagio emocional

En lugar de hablar de sus sentimientos, las personas emocionalmente inmaduras se expresan de forma no verbal *contagiándote sus emociones* (Hatfield, Rapson y Le 2009), traspasando tus límites y haciéndote sentir la misma desazón que ellas sienten. En la teoría de los sistemas familiares, la ausencia de unos límites personales saludables se denomina *fusión emocional* (Bowen 1985), mientras que en la terapia familiar estructural se denomina *enredo* (Minuchin 1974), y en ambos casos se traduce en que cada miembro de la familia EI acaba contagiado de las emociones y problemas psicológicos de los demás.

Como niños pequeños, los padres emocionalmente inmaduros quieren que intuyas lo que sienten sin que tengan que decir nada. Cuando no adivinas lo que necesitan, se sienten heridos y se enfadan porque deberías saberlo. Y si protestas alegando que no te han dicho lo que querían, su respuesta es: «Si me quisieras de verdad, lo habrías sabido». Esperan que vivas en constante sintonía con sus necesidades. Es legítimo que un bebé o un niño pequeño espere recibir de sus padres esa atención, pero no que un padre espere recibirla de una hija o un hijo.

7. No respetan tus límites ni tu individualidad

Los padres EI no entienden qué razón puedes tener para establecer límites. Creen que los límites llevan implícito el rechazo, lo que significa que no les quieres lo suficiente como para darles libre acceso a tu vida. Por eso se muestran suspicaces, ofendidos o heridos si les pides que respeten tu privacidad. Se sienten queridos solo si los dejas irrumpir en tu vida siempre que les apetece. Los padres EI quieren tener un papel dominante y privilegiado que no los obligue a respetar los límites de nadie.

Otra razón por la que no respetan tu individualidad es que no la consideran necesaria. Para ellos, la familia y los roles familiares son sacrosantos, y no entienden que quieras tener un espacio o una identidad individual independientes. No comprenden por qué no puedes ser como ellos, pensar como ellos y tener sus mismas creencias y valores. Ellos te han dado la vida y, por tanto, les perteneces. Incluso en la edad adulta, esperan que sigas siendo su hijo obediente o que, si te empeñas en hacer tu vida, al menos sigas siempre sus consejos.

8. El trabajo emocional en la relación lo haces tú

El *trabajo emocional* (Fraad 2008) es el esfuerzo que haces para adaptarte emocionalmente a las necesidades de los demás. Puede resultar fácil, si se trata de ser cortés y agradable, o terriblemente difícil, si se trata de decirle lo correcto a tu hija adolescente en un momento en que está muy alterada. El trabajo emocional consta de empatía, sentido común, conciencia de los motivos y una previsión de cómo responderá probablemente a tus actos la otra persona.

Cuando las cosas van mal en una relación, la necesidad de trabajo emocional es mayor que nunca. Pedir disculpas, buscar la reconciliación y hacer las paces forma parte del trabajo emocional que mantiene en pie unas relaciones duraderas sanas. Pero como los padres emocionalmente inmaduros no tienen interés en las reparaciones emocionales, la tarea de restablecer la conexión te corresponderá probablemente a ti.

En lugar de unas palabras de reconciliación o una disculpa, estos padres suelen empeorar las cosas recurriendo a las acusaciones, proyectando la culpa en los demás y eludiendo toda responsabilidad por su comportamiento. En una situación en la que se diría que lo más fácil es sencillamente disculparse, los padres EI no dan el brazo a torcer e insisten en que fue algo que tú hiciste —o no hiciste— lo que provocó esa reacción suya que a ti te hirió. Si hubieras tenido la sensatez de hacer lo que te pedían, el problema no habría ocurrido.

9. Pierdes tu autonomía emocional y la libertad mental

Como para los padres emocionalmente inmaduros tú eres una prolongación de ellos, el mundo interior de tus pensamientos y sentimientos no les interesa. Es más, se creen con derecho a juzgar lo que sientes y a sentenciar si es razonable o si no está justificado. No respetan tu *autonomía emocional*, tu libertad ni tu derecho a tener tus propios sentimientos.

Como entienden que tus pensamientos deben ser reflejo de los suyos, reaccionan con sorpresa y desaprobación si expresas ideas que los ofenden. Ni siquiera en la intimidad de tu mente eres libre de pensar determinadas cosas: «¡Eso ni lo pienses!». Estos padres pasan cada pensamiento y sentimiento tuyo por el filtro de lo que a ellos les resulta cómodo, y lo califican entonces de *bueno* o *malo*.

10. Pueden ser unos aguafiestas e incluso unos sádicos

Los padres EI pueden ser unos absolutos aguafiestas, tanto con sus hijos como con otra gente. Rara vez se identifican con lo que sienten los demás, por lo cual no se alegran realmente de la felicidad de nadie. En lugar de participar de la alegría de sus hijos por cualquier clase de logro, es posible que la reacción de los padres EI arrebate al niño o la niña todo sentimiento de orgullo. Además, estos padres son expertos en arruinar los sueños de sus hijos recordándoles las deprimentes realidades de la vida adulta.

Por ejemplo, cuando Martin era un adolescente, le contó orgulloso a su padre que había ganado cincuenta dólares en su primera actuación musical. La reacción inmediata de su padre fue hacerle saber que nadie puede mantener a una familia con ese sueldo. Su falta de empatía no le dejó entender lo que aquello significaba para su hijo a nivel emocional. El sadismo va un paso más lejos. No es ya ser un aguafiestas, sino deleitarse en infligir dolor, humillar o dominar por la fuerza a otro ser vivo. El sadismo es también una forma de hacer patente quién tiene más poder e importancia en la relación. El padre y la madre sádicos disfrutan haciendo sufrir a sus hijos, ya sea por medios físicos o psicológicos. El maltrato físico es obviamente sádico, pero hay otra forma velada de sadismo que suele manifestarse con «bromas» y «chistes».

Por ejemplo, cuando Emily llegó a casa con su prometido para presentárselo a la familia, su padre, que solía recurrir a la violencia física, le dijo al joven «en broma» que no dudara en echar a su hija a la calle si se ponía demasiado impertinente. La madre y las hermanas le hicieron coro y empezaron a «tomarle el pelo» a Emily y a reírse de la vergüenza insoportable que estaba pasando.

A los padres sádicos les gusta que sus hijos se sientan impotentes. Secretamente disfrutan viéndolos desolados, de modo que los llevan al límite con castigos físicos extremos, negándose a hablarles durante largas temporadas, imponiéndoles disparatadas restricciones o haciéndoles sentirse impedidos. Por ejemplo, cuando Bruce era pequeño, su padre se lo sentaba en el regazo, lo abrazaba con fuerza y se negaba a dejarlo bajar. Si Bruce empezaba a retorcerse o a llorar, su padre lo mandaba castigado a su cuarto y le pegaba con el cinturón. Después se disculpaba, pero le explicaba a Bruce que él se lo había buscado por ser tan «malo».

En la siguiente sección, hablaremos de la influencia que ejercen el padre y la madre EI en las emociones y la autoestima de los demás. Su manera de interactuar contigo tiene un inmediato impacto subconsciente en tus emociones y tu autoestima. Con su forma de reaccionar a lo que haces o dices te hacen sentir lo mucho que vales o que no vales nada, dependiendo de si lo que quieren es que te pongas de su parte o debilitarte para tener control sobre ti.

El sistema de relación emocionalmente inmadura (SREI)

Las personas emocionalmente inmaduras no regulan bien su autoestima y estabilidad emocional ellas solas. Necesitan que los demás las mantengan en equilibrio tratándolas de la forma adecuada. Para conseguirlo, actúan de un modo que te obliga a considerarte responsable de que estén contentas. Se valen de complejas señales extremadamente sutiles para influir en ti y hacerte sentir lo que a ellas les conviene. A esto lo llamo *sistema de relación emocionalmente inmadura* (SREI).

Este SREI te hace estar más pendiente del estado emocional de tus padres EI que del tuyo propio. Bajo la influencia de este sistema de relación, sintonizas con las necesidades emocionales de tu padre o tu madre en lugar de escuchar lo que te dice el instinto. Sientes que es imperativo apaciguar su estado de ánimo a toda costa y acabas anteponiendo sus necesidades y sentimientos a tu propia salud emocional. Este exceso malsano de preocupación por mantenerlos tranquilos te hace girar en torno a ellos y sus reacciones hasta el punto de obsesionarte con cómo se sienten en cada momento. Una vez que esto sucede, se han *apropiado emocionalmente* de ti: han conseguido que su estado emocional sea el centro de tu atención.

Durante las primeras etapas de vida humana, es normal que exista este tipo de relación. El SREI es un acuerdo emocional necesario entre los bebés y sus cuidadores. Para sobrevivir y desarrollarse, los bebés necesitan que una persona adulta les dé su afecto, esté atenta a sus necesidades y los calme cuando están inquietos. El llanto de un bebé angustia normalmente a cualquier madre y padre hasta el punto de que están dispuestos a hacer lo que sea con tal de calmarlo. Para unos padres sensibles, la angustia del bebé es al instante su propia angustia, y es igual de importante para ellos el estado emocional de esa criatura que su bienestar físico (Ainsworth, Bell y Strayton 1974; Schore 2012). Esta clase de cuidado emocional es de vital importancia durante los primeros meses y años de vida.

Lo normal es que la necesidad de conexión y cuidado constantes disminuya en el niño y la niña a medida que maduran. Sin embargo, en el padre y la madre EI no se desarrolló plenamente en la infancia la capacidad de regulación emocional a medida que iban haciéndose mayores, así que de adultos son incapaces de moderar sus sentimientos y decepciones y siguen esperando que los demás les hagan sentirse mejor al instante, dando por hecho que es obvio el trato que necesitan en cada momento. Si no se les concede prioridad absoluta, amenazan con desmoronarse. Como niños pequeños, necesitan cantidad de atención, aprobación y comentarios alentadores para mantenerse estables. Pero a diferencia de los niños pequeños, no maduran gracias a esa atención. Las heridas y carencias emocionales que sufrieron a edad temprana han creado en ellos una coraza psicológica que los mantiene atascados en los mismos mecanismos defensivos de la infancia por muchos cuidados que reciban.

Cómo te afecta a ti su sistema de relación emocionalmente inmadura

Lo más probable es que, de entrada, no te des cuenta de que te estás dejando atrapar en el SREI de alguien. El contagio emocional (Hatfield, Rapson y Le 2009) es tan irresistible e instantáneo en este sistema de interacción personal que para cuando quieres darte cuenta, has caído en la trampa. Por eso es tan importante que conozcas de antemano la estrategia que utilizan, para poder proteger tus límites, tu autonomía emocional y tus valores. Tienes que estar sumamente alerta para que no se apropie de ti.

Te sientes responsable de lo que sienten

Imagina que el sistema de relación emocionalmente inmadura es una especie de hechizo que ejercen sobre ti con el que te convencen de que *su* felicidad es responsabilidad *tuya*. Esto significa que eres también responsable de sus explosiones airadas y su mal humor, puesto que deberías haberles evitado el malestar que los ha llevado a eso.

Cuando los padres y demás personas EI se disgustan, su angustia se cuela en tu mente y se sitúa en primer plano. La preocupación por cómo arreglar las cosas con ellos se vuelve obsesiva y no puedes quitarte de la cabeza lo que han dicho o han hecho. Incluso mientras haces otras cosas o intentas quizá conciliar el sueño, su malestar se cierne sobre ti y te provoca un pensamiento detrás de otro: «¿Qué fue lo que hice mal? ¿Cómo puedo enmendarlo? ¿Habré hecho lo suficiente para ayudarlos?».

Como se te ha infiltrado su infelicidad, sientes que depende de ti resolver satisfactoriamente cualquier situación que les afecte. Su SREI te ha arrastrado a su experiencia hasta el punto de que su dolor es tu dolor. Pierdes de vista tus propios sentimientos y necesidades. Una vez que su sistema de relación se apodera emocionalmente de ti, sientes su problema como si fuera *tuyo*, incluso aunque racionalmente sepas que no lo es.

— El caso de John —

La madre de John era ya mayor y vivía en una bonita comunidad de jubilados, pero solía llamarlo con frecuencia para que la ayudara a resolver algún problema que el personal del centro habría podido solucionar con facilidad. Había siempre tal apremio en su voz que John sentía que tenía que dejarlo todo e ir rápidamente en su ayuda. En realidad, ella no necesitaba la ayuda de un manitas, solo necesitaba tener la seguridad de que podía contar con su hijo en el momento que ella quisiera. Aunque John sabía que su madre no estaba tan necesitada como parecía, era incapaz de quedarse tranquilo cuando ella sonaba disgustada.

— El caso de Frank —

Cuando los padres de Frank se divorciaron, su padre lo llamaba con frecuencia en mitad de la noche después de haber bebido mucho. A menudo, no podía entrar en casa porque se había dejado las llaves dentro y llamaba a Frank para que lo fuera a buscar. En cierto momento enfermó y le pidió a Frank que se quedara en el hospital con él: «No tengo a nadie más», le dijo. Frank no pudo negarse al oír su voz tan compungida. La familia y el trabajo de Frank empezaron a resentirse a medida que la preocupación por los problemas de su padre iba en aumento. Se había identificado tanto con sus problemas que no se le ocurrió pensar que tal vez era en algún grado responsabilidad de su padre cortar con la bebida.

Está claro que también las personas sanas y maduras necesitan ayuda a veces. Pero el caso es muy distinto. Cuando piden ayuda, tienen en cuenta las circunstancias de la otra persona. Le dan la posibilidad de decir que no. No esperan que lo dejes todo y las atiendas, y si lo haces, agradecen que las hayas ayudado. Por el contrario, los padres EI te someten a presión emocional, y si aun así finalmente dices que no, acaban acusándote velada o abiertamente de que no te importa en realidad lo que les pase.

Se apoderan de ti el agotamiento y la aprensión

Enredarse en el sistema de relación emocionalmente inmadura de cualquier persona es agotador, ya que supone hacer gran parte del trabajo emocional que a ella le correspondería hacer. Ya se trate de tus padres o de otros individuos EI, gastarás mucha más energía psicológica en ellos de lo que jamás harías con nadie en circunstancias normales.

Además, vives con una constante aprensión, temiendo siempre cuál será la próxima emergencia. Una vez que el sistema de relación malsano de la persona EI se te mete bajo la piel, la inminencia de su siguiente cambio de humor se cierne sobre ti y te mantiene en estado de máxima alerta. Esa involuntaria vigilancia continua de sus estados de ánimo es terriblemente agotadora.

Cualquier persona emocionalmente madura sabe que no puedes estar a su disposición en todo momento; comprende tus circunstancias y respeta tus límites.

Sientes que no puedes decir que no

Los padres EI descargan sobre ti sus problemas con tal agitación y victimismo que sientes que no les puedes negar lo que te piden. Para cuando quieres darte cuenta, tus sentimientos carecen ya de importancia y tu misión es ahora estabilizar a tus padres. Una vez que esto sucede, has perdido la autonomía emocional y la libertad para honrar lo que *tú* sientes y actuar en consecuencia.

Padres y madres emocionalmente inmaduros

Los padres EI te presionan para que hagas el papel que más les conviene dependiendo de cuáles sean sus necesidades emocionales en cada ocasión. Por ejemplo, cuando se sienten abrumados, acabas interviniendo para organizar las cosas. Si sienten que se ha cometido una injusticia contra ellos, acabas teniendo deseos de vengarte en su nombre. Si se sienten solos o insignificantes, es posible que acabes expresándoles un grado de amor y lealtad que excede con mucho a lo que en verdad sientes. Así de imponente es el poder de su sistema de relación.

Estos padres no se limitan a mostrarse ofendidos o abandonados en caso de que no los puedas ayudar. Rápidamente se impacientan o se indignan si no accedes a lo que te piden. Primero intentan darte lástima, luego te echan en cara el dolor que les causa tu negativa. Si no te lanzas de inmediato a hacer todo lo posible por reconfortarlos, se hacen los ofendidos y te acusan de no tener corazón. Te tachan de egoísta, te dicen que no se puede contar contigo para nada si no haces de sus problemas tu preocupación más importante.

Cuando en una familia hay un padre o una madre emocionalmente inmaduro, su sistema de relación crea una atmósfera de totalitarismo emocional. Todas las miradas están puestas en su estado de ánimo y sus necesidades, ya que si alguno de sus hijos lo disgusta de la manera que sea y no es capaz de calmarlo acto seguido, se podría enfadar mucho y acabar perdiendo los papeles. Esto suele hacer que el niño haga lo que se le manda sin rechistar, porque no hay nada más horroroso para un niño que ver cómo su padre o su madre, una persona adulta, se desmorona emocionalmente. Lo mismo podría decirse de la pareja, el amigo o el jefe.

40

Es muy frustrante intentar ayudarlos
a resolver sus problemas

Aunque te obliguen a oír sus quejas, estos padres no suelen ser receptivos a ninguna idea sobre cómo resolver sus problemas. No consideran que sea una comunicación bidireccional. Es posible que incluso perciban como una afrenta o una ofensa cualquier sugerencia tuya. Se impacientan si les propones soluciones y contestan repetidamente «sí, pero...», porque es evidente que no te estás enterando de lo imposible que es su situación. De hecho, les indigna un poco que pienses que podría resolverse con tanta facilidad. ¿Es que no te das cuenta de lo espinoso, complicado y excepcional que es su problema? ¿Es que no puedes sencillamente ponerte de su parte?

Los padres emocionalmente inmaduros rara vez piden ayuda de una manera educada, diciendo por ejemplo: «¿Podrías ayudarme a hacer esto?» o «¿Qué crees que debería hacer para arreglar esta situación?». Por el contrario, te transmiten su ansiedad angustiosa como si fuera tu obligación ocuparte de todo y hacer que sus problemas desaparezcan. Pero la cosa no acabará cuando hayas resuelto ese primer problema; eso será solo el principio.

Tu ayuda no los contentará durante mucho tiempo. Un acto aislado nunca será suficiente, pues lo que estos padres quieren por encima de todo es adueñarse de tu atención y ser el centro de tus preocupaciones tanto tiempo como sea posible. No quieren tus consejos, te quieren *a ti*, y sus continuos problemas sin solución son el medio perfecto para conseguirlo. Una vez que los saques de un aprieto, sus problemas empezarán a proliferar más rápido que las cabezas de una hidra, dado que son el anzuelo para atraparte en la red de su sistema de relación EI.

Sientes que te acusan de haberles fallado

Es probable que los padres EI proyecten inconscientemente su propia relación maternofilial insatisfactoria al relacionarse contigo. Esa puede ser la razón de que a menudo actúen como si no los quisieras o no te preocuparas por ellos lo suficiente. Tal vez sientas que te culpan, si tu comportamiento reaviva en ellos el trauma infantil de haberse sentido traicionados por su madre. Pueden hacer que te sientas el villano de una historia familiar que nada tiene que ver con quien tú eres.

— El caso de Jill —

La madre de Jill se disgustó enormemente al ver que su hija seguía decidida a hacer el viaje que llevaba planeando desde hacía tiempo apenas una semana después de que ella hubiera tenido un pequeño accidente de coche, del que había salido ilesa. Contaba secretamente con que Jill cancelaría el viaje y, al ver que no era así, se sintió herida. «Creía que me *querías*», le gritó, sintiéndose tan abandonada como debió de sentirse de pequeña cuando su madre la envió a vivir con los abuelos. Inconscientemente, ahora proyectaba su trauma infantil de abandono en la relación con su hija adulta y trataba a Jill como si fuera la madre que la abandonó y la privó en su niñez del amor que necesitaba.

La interacción con ellos te provoca reacciones exageradas

Los padres emocionalmente inmaduros pueden hacerte reaccionar con una intensidad emocional desmedida. Esto se debe a que, cuando están contigo, aprovechan para descargar sus estados emocionales actuando de un modo que provoca en ti sus mismas emociones. Fingen que esas emociones no son suyas, pero en realidad las proyectan en ti para que las contengas y las proceses y parezca que eres tú quien se siente de esa manera. Por ejemplo, una persona EI pasivo-agresiva podría conseguir que te enfurecieras mientras ella se queda tan tranquila, ajena por completo al alcance de su propia ira. Esta forma inconsciente de deshacerse de una emoción perturbadora haciendo que otros la sientan se denomina *identificación proyectiva* (Ogden 1982). Como si fueran niños, acabas cargando con aquellas emociones difíciles de digerir y que ellos repudian. La proyección sucede tan rápido —y tan por debajo del nivel de consciencia normal— que para cuando quieres darte cuenta estás metido de lleno en esos sentimientos. Es un fenómeno psicológico extraordinario, con el que las personas EI se libran de las emociones que les molestan y que no quieren reconocer traspasándoselas en toda su intensidad a quien tienen delante.

Por lo tanto, cuando notes que empiezas a enredarte en el SREI de alguien, conviene que te preguntes: «¿De quién es este sentimiento?». Si tus reacciones te parecen demasiado intensas, extrañamente desconectadas o impropias de ti, es posible que esa persona emocionalmente inmadura te haya inducido ciertos sentimientos que le estorbaban para que te hagas tú cargo de ellos. Siempre que estés con una persona EI, presta mucha atención a tus reacciones y pregúntate: «¿Esto viene de mí o de ella?». Es importante que des un paso atrás y te hagas esta pregunta, porque si detectas que se ha producido una transferencia emocional, saberlo te librará de intentar responsabilizarte de una emoción que no es tuya.

Cómo han llegado a ser así los padres emocionalmente inmaduros

Es posible que el padre y la madre EI vivieran ellos también una infancia difícil, de abusos físicos y psicológicos tal vez, y crecieran privados de conexión emocional. Las generaciones que nos han precedido no tuvieron a su disposición clases de crianza infantil, psicoterapia ni orientadores escolares, ni había en su época normas culturales que protegieran los derechos de los niños. El castigo físico, el abuso emocional y la humillación eran herramientas disciplinarias habituales. Si el padre o la madre EI tuvieron una infancia traumática o en la que se sintieron desatendidos, su dolor y sus carencias se reflejarán ahora en una exagerada preocupación por que se atiendan sus necesidades inmediatas, como alguien que comprueba a cada momento el estado de una herida abierta. A continuación te propongo algunas preguntas sobre cómo fue la infancia de tus padres.

¿Crecieron sin una conexión suficientemente profunda?
Los padres EI carecen de la serena profundidad que caracteriza a las personas que recibieron atención y educación emocionales. No muestran la seguridad y la profunda

aceptación de sí mismos que nacen de haber tenido en la infancia conexión emocional con un cuidador sensible. Tal vez sea el haber carecido de esa conexión lo que ahora les hace exigir de sus hijos lealtad y sacrificio absolutos. Se comportan como si les aterrorizara la idea de no importar nada.

No haber tenido un apego seguro en la infancia puede traducirse en que, de adultos, el padre y la madre EI estén siempre a la defensiva, temerosos de sus sentimientos más íntimos, y sean incapaces de forjar una conexión de calidez con sus hijos. La inseguridad emocional no les deja margen más que para relacionarse superficialmente e intentar compensar el amor y la seguridad que no tuvieron controlando ahora a los demás.

¿Es posible que interiorizaran traumas familiares no resueltos?
En el caso de muchos de mis clientes, había detrás una larga historia familiar de traumas multigeneracionales a causa de pérdidas, abandonos, privaciones, abusos, maltrato, adicciones, desastres financieros, crisis de salud o migraciones forzosas. Por desgracia, los traumas familiares tienden a transmitirse de padres a hijos y reavivarse en cada nueva generación (Van der Kolk 2014), lo cual va añadiendo eslabones a una larga cadena de sufrimiento e inmadurez emocionales hasta que alguien de la familia finalmente se para en seco y procesa conscientemente sus sentimientos dolorosos (Wolynn 2016).

¿Se les permitió desarrollar un sentido de identidad? En las generaciones pasadas, a los niños se los veía pero no se los escuchaba. Es probable que, en ese ambiente social, al niño y la niña que eran entonces estos padres no se los ayudara a desarrollar suficiente conciencia emocional como para tener un sentido de «yo».

Esto tiene repercusiones graves, porque el sentido de «yo» es la base emocional en que se sustenta la percepción de quiénes somos (Jung 1959; Kohut 1971; Schwartz 1995). Sin ese sentido de «yo», no nos sentimos completos, valiosos como seres humanos ni auténticamente seguros de nosotros mismos, y dependemos por tanto de elementos externos para definir nuestra identidad. Las circunstancias hicieron que muchos padres EI reprimieran o ignoraran en la infancia sus experiencias emocionales, hasta el punto de que las referencias externas se convirtieron en su única fuente de seguridad. A falta de un sentido genuino de identidad y autoestima, una persona lo tiene que usurpar al mundo exterior y a los demás.

Por otra parte, desarrollar el sentido de «yo» es imprescindible para la *autoconciencia* y *autorreflexión* que nos permiten observarnos a nosotros mismos y darnos cuenta de cómo afecta nuestro comportamiento a otras personas. Alguien que en la infancia no haya desarrollado un sentido de sí mismo no puede reflexionar sobre lo que piensa, siente o hace, y por consiguiente no tiene forma de evolucionar y cambiar psicológicamente. Su único recurso es culpar a los demás y esperar a que estos cambien primero.

Aspectos destacados que recordar

Ahora conoces con más detalle la situación a la que has estado expuesto por tener una madre o un padre EI. Has leído sobre su sistema de relación emocionalmente inmadura (SREI), con el que intentan hacer que te sientas responsable de su autoestima y su estabilidad emocional. Has visto cómo utilizan sus problemas para monopolizar cualquier comunicación y decirte de paso lo que debes pensar y sentir. Por último, hemos examinado cómo pudo influir la infancia de tus padres en su personalidad y sus comportamientos posteriores, y entendemos también que tal vez arrastren sus propios traumas familiares no resueltos. Ahora estás en una excelente posición para cuestionar estas dinámicas familiares y ocuparte de tu propio desarrollo, a pesar de las coacciones emocionales de cualquiera.

Capítulo 2

Cómo son el padre y la madre emocionalmente inmaduros

Sus rasgos de personalidad y sus tácticas de apropiación emocional

Los padres y demás personas EI abordan la vida y las relaciones con una actitud en la que está implícito que ellos son lo primero, lo cual hace que los demás se sientan menospreciados. Pero una vez que entiendas los rasgos de su personalidad, no te tomarás su rechazo de una manera tan personal ni sentirás con tanta fuerza la presión de sus exigencias emocionales. Así que, antes de seguir adelante, voy a enumerar las características de la personalidad emocionalmente inmadura.

En tu diario, anota cuáles de las siguientes frases describen a tu padre, a tu madre o a ambos (Gibson 2015).

1. Mi padre/madre solía ponerse fuera de sí por cosas de poca importancia.

2. Mi padre/madre no expresaba demasiada empatía hacia mis sentimientos ni parecía darse cuenta siquiera de cómo me sentía.

3. Cuando la conversación daba un giro hacia sentimientos profundos y se creaba el clima propicio para el acercamiento emocional, mi padre/madre manifestaba nerviosismo y cambiaba de tema o se retiraba.

4. Mi padre/madre se irritaba a menudo cuando se ponían de manifiesto las diferencias individuales o se expresaban distintos puntos de vista.

5. Al ir haciéndome mayor, mi padre/madre me utilizaba como confidente, pero nunca fue un/una confidente para mí.

6. Mi padre/madre solía decir y hacer cosas sin tener en cuenta los sentimientos de nadie.

7. No recibía mucha atención ni afecto de mi padre/madre, excepto quizá cuando tenía que guardar cama a causa de alguna enfermedad.

8. Mi padre/madre era muy voluble: a veces una persona sumamente sensata y a veces irracional.

9. Las conversaciones se centraban principalmente en los intereses de mi padre/madre.

10. Si me disgustaba por algo, mi padre/madre solía decirme algo superficial que no me ayudaba lo más mínimo o se enfadaba y hacía algún comentario sarcástico.

11. Expresar, incluso de una manera educada, cualquier desacuerdo con mi padre/madre hacía que se pusiera a la defensiva.

12. Era desalentador contarle a mi padre/madre algo que para mí suponía un verdadero logro porque no parecía importarle.

13. Con frecuencia me sentía culpable por no hacer lo suficiente por él/ella o no preocuparme lo suficiente por sus cosas.

14. Los hechos y la lógica no podían competir con las opiniones de mi padre/madre.

15. Mi padre/madre no era una persona reflexiva y rara vez se molestaba en tratar de ver cuál había sido su parte en cualquier problema.

16. Mi padre/madre era tajante, entendía que las cosas estaban o bien o mal, y no mostraba receptividad a las nuevas ideas.

Dado que todos estos comportamientos son típicos de la personalidad EI, que hayas identificado aunque solo sea unos pocos rasgos es señal casi inequívoca de la inmadurez emocional de tu padre o tu madre.

Tipos de padres EI

El espectro de la inmadurez emocional es muy amplio y abarca distintos niveles, desde la inmadurez muy leve hasta la claramente psicopatológica. Ser emocionalmente inmaduro no es lo mismo que tener una enfermedad mental, pero muchos enfermos mentales son también personas emocionalmente inmaduras. La inmadurez emocional es un concepto más amplio que un diagnóstico clínico, y por lo tanto es más útil y menos patologizador. Puede subyacer a muchos problemas psicológicos, especialmente a los trastornos de la personalidad, que dan lugar a las personalidades narcisista, histriónica, límite, antisocial o paranoide, entre otras. Lo que todas las personas EI tienen en común es la preocupación por sí mismas, un nivel bajo de empatía, la necesidad de que se les conceda máxima importancia, el escaso respeto por las diferencias individuales y la dificultad para establecer intimidad emocional.

Los padres EI pueden ser *extravertidos* o *introvertidos*. Si son extravertidos, exigen atención e interacción, y su egocentrismo es entonces más fácil de detectar. Si son introvertidos, sus intentos de apropiación emocional resultan menos evidentes, pero en el fondo estos padres son igual de egocéntricos que los que arman mucho ruido. También ellos demuestran poca empatía y escaso interés por tus experiencias, y te ofrecen una relación igualmente desequilibrada en la que el foco de atención esté siempre dirigido hacia ellos, solo que lo hacen de una manera más silenciosa.

Veamos ahora los cuatro tipos fundamentales de padres EI (Gibson 2015):

1. **Emocional.** Es el padre o la madre que se deja dominar por los sentimientos. Puede ser extremadamente reactivo y se agobia por cualquier cosa que le sorprenda o le altere. Sus estados de ánimo son muy inestables y puede ser alarmantemente volátil. Hace una montaña de un grano de arena y tiende a clasificar a los demás en salvadores o desertores dependiendo de si se prestan o no a satisfacer sus deseos.

2. **Ambicioso.** Este padre o madre vive entregado por entero a lograr un objetivo tras otro y no tiene un minuto libre. Su vida es un constante avance enfocado en hacer mejoras y trata de perfeccionarlo todo, incluidas las personas de su entorno. Dirige su familia como si se tratara de un proyecto con una fecha límite, pero tiene poca sensibilidad hacia las necesidades emocionales de sus hijos.

3. **Pasivo.** Es el padre o la madre más amable de los cuatro, que deja que su pareja sea la mala de la película. Aparentemente disfruta estando con sus hijos, pero carece de verdadera empatía y no intervendrá para protegerlos. Aunque parece tratarlos con cariño, consentirá el comportamiento dominante de su pareja e incluso pasará por alto su negligencia y sus abusos con los hijos.

4. **Rechazador.** A este padre o madre no le interesan las relaciones. Evita la comunicación y espera que la familia se centre en sus necesidades, no en las de los hijos. No tolera las necesidades de los demás y quiere que se le deje en paz para poder dedicarse a sus cosas. Participa poco en la vida familiar y puede montar en cólera e incluso tener un comportamiento abusivo si las cosas no salen como quería.

Cómo se revela su inmadurez emocional

Además de los problemas de relación que veíamos en el capítulo uno, los padres EI tienen características psicológicas particulares. Vamos a examinar ahora los rasgos de personalidad y los comportamientos que son indicadores típicos de la inmadurez emocional de un padre, una madre o cualquier otra persona EI.

Cómo enfocan la vida el padre y la madre EI

Los padres emocionalmente inmaduros tienen una actitud egocéntrica ante la vida y en su trato con la gente intentan que lo suyo se considere siempre lo más importante.

El padre y la madre EI son fundamentalmente personas temerosas e inseguras

Como hemos visto en el capítulo anterior, es probable que muchos padres emocionalmente inmaduros sufrieran una carencia emocional, abusos, malos tratos o traumas en la infancia. Al nivel más profundo, actúan como si no se sintieran de verdad queridos y tuvieran miedo de que eso supusiera perder su estatus y dejar de importar. La ansiedad ante la perspectiva de que los abandonen y el temor a ser una vergonzosa nulidad alimentan su malestar. Debido a este miedo oculto a no merecer que se los quiera, sienten que tienen que controlar a los demás para sentirse un poco más seguros.

Necesitan dominar y controlar

Los padres EI emocionales, ambiciosos y rechazadores intentan controlar a los demás, mientras que los que son pasivos siguen el camino que marca su pareja dominante. Todos los tipos de padres emocionalmente inmaduros harán lo que sea necesario para tener una sensación de seguridad.

La manera más eficaz que tienen de dominarte es aprovecharse de tus emociones. Influencian tu comportamiento tratándote de un modo que te induzca miedo, vergüenza, culpa o dudas, y una vez que consiguen provocarte esos estados emocionales negativos, eres tú quien tiene el problema, no ellos. Se sienten mejor una vez que tú eres el «malo»; pero solo temporalmente, porque nada los hace sentirse seguros durante mucho tiempo.

Para justificar su posición de mando, los padres EI tratan a los demás como si carecieran de juicio y competencia. Esto les da licencia para decirles a sus hijos lo que tienen que hacer y cómo tienen que ser. El efecto más destructivo de un control tan extremo es que el niño o la niña dudarán de si están capacitados para hacer cualquier cosa y no confiarán en sí mismos. Otra forma que tienen estos padres de atar corto a sus hijos es vaticinar las funestas consecuencias que acarreará no seguir sus consejos.

Como su objetivo es hacerse con el control, el padre y la madre EI carecen de la calidez genuina de otras personas más maduras. Puede que actúen con calidez, pero se notará que es forzada. En lugar de calidez y franqueza auténticas, las personas EI se limitan a desplegar encanto y carisma. Tienen la mirada puesta en dominar la relación, no en conectar emocionalmente.

Su definición de sí mismos y de los demás se basa en los roles

Los roles son fundamentales para la seguridad e identidad del padre y la madre EI. Esperan indiscutiblemente que cada cual represente un rol bien definido para siempre jamás. Esto les permite clasificar a las personas en dominantes o sumisas, ya que les inquietan las relaciones de igualdad, el no saber realmente quién manda.

El padre y la madre emocionalmente inmaduros suelen utilizar su papel de progenitores para tomarse la libertad de no respetar tus límites. De este modo, te mantienen en una posición que les resulta cómoda. Es probable que corten por lo sano cualquier manifestación de individualidad que pueda poner en peligro el rol que representan en la familia.

Son egocéntricos, no autorreflexivos

Los padres EI anteponen sus deseos a todo lo demás. Se sienten con derecho a hacer y obtener lo que quieren y rara vez se observan a sí mismos con objetividad. Como no tienen interés en examinar su mundo interior, muy pocas veces se cuestionan por qué se comportan o reaccionan de determinada manera. Por ejemplo, rara vez se preguntan si no estarán causando ellos mismos algunas de las situaciones que les hacen sufrir.

El concepto de *crecimiento* personal no les dice nada, y acostumbran a burlarse de él. Debido a su incapacidad de autorreflexión, no les interesa *conocerse* a sí mismos ni *mejorar* sus relaciones salvo para conseguir más de ellas. En general, perciben el crecimiento personal como una amenaza, ya que se traducirá en cambios imprevisibles y más inseguridad aún.

Como no son autorreflexivos, estos padres tienen pocos filtros y dicen las cosas sin pensar. Pueden dejar atónito a cualquiera con sus comentarios impertinentes. Si se intenta hacerles ver su insensibilidad, pueden contestar por ejemplo: «Solo he dicho lo que pensaba», como si fuera lo normal expresar en voz alta cada pensamiento.

Culpan a los demás y eluden la responsabilidad

Muchos padres EI son desconfiados, creen que el mundo entero está en su contra. A menudo tienen la impresión de que la gente les hace daño por capricho. Todas las relaciones del padre y la madre emocionalmente inmaduros suelen ser muy conflictivas e inestables, ya que su desconfianza les hace culpar a los demás en cuanto algo va mal en la relación. Ellos, por su parte, eluden toda responsabilidad, dado que su frágil autoestima no soporta las críticas. Su autoestima se basa en si las cosas salen o no como ellos esperan; se crecen cuando sí y se hunden cuando no.

Son impulsivos y no toleran el estrés

Los padres EI no llevan bien el estrés. Les cuesta esperar y tienden a impacientarse y a apremiar a sus hijos y a todo el mundo. Debido a su escasa tolerancia al estrés, tienen la sensación de que todo está perdido si la vida entra en un bache. No saben cómo calmarse si no es haciendo que los problemas desaparezcan lo antes posible, así que se lanzan a hacer lo que sea, confiando ciegamente en que así se resolverá todo. A veces funciona y a veces no. A menudo la solución que encuentran empeora las cosas. Es frecuente que, en un impulso, hagan algo que se vuelve en su contra. Sus intentos por evitar el estrés suelen acabar creándoles mucho más estrés.

Cómo afrontan la realidad

En lugar de adaptarse a la realidad, los padres emocionalmente inmaduros intentan rehacerla. Aunque la realidad es un vibrante y floreciente conglomerado de estímulos en constante evolución, estos padres la racionalizan y la reducen a partes simplificadas que les resulten coherentes y posibles de manejar.

Como son incapaces de afrontar la realidad, la rechazan

George Vaillant (1977) es un investigador que se hizo famoso por participar durante treinta años en el Gran Estudio del Desarrollo Humano que llevó a cabo la Universidad de Harvard, un proyecto de investigación que siguió la vida de una serie de hombres durante décadas para identificar qué factores tenían correlación con la salud, el buen funcionamiento general y la felicidad. Vaillant creó una escala con la que evaluar la capacidad de una persona para desenvolverse y adaptarse en la vida, una especie de índice de madurez emocional. La conclusión a la que llegó es que nos adaptamos mejor a la vida cuando somos conscientes de nuestros sentimientos y motivos y podemos hacer una valoración objetiva de la realidad.

Las personas emocionalmente maduras, que son capaces de adaptarse a las circunstancias y evolucionar, tienen una vida equilibrada y relaciones satisfactorias a nivel emocional. Les resulta natural conectar con sus experiencias internas y las de los demás. Aceptan la realidad tal como es y en la mayoría de los casos hacen los ajustes necesarios y no luchan contra ella. Afrontan la vida con actitud flexible y, en vez de intentar tener un estricto control de todo, buscan en cada caso la solución más favorable y menos estresante que tenga en cuenta todos los factores. Para atravesar los momentos difíciles, quizá hagan uso del humor, la creatividad y el altruismo, y esquiven deliberadamente los pensamientos inútiles.

Por el contrario, las personas que tienen un alto grado de inmadurez emocional intentan modificar la realidad negando, desechando o distorsionando los hechos que no les gustan. Aquellas que se encuentran en el nivel extremo de inadaptación pueden perder del todo el contacto con la realidad consensuada y volverse psicóticas.

Otros individuos EI son realistas sobre la realidad objetiva, pero incapaces de lidiar con los sentimientos. Se defienden o distancian de las emociones desagradables racionalizando, intelectualizando y minimizando lo que sienten. También es posible que recurran a sustancias u otra clase de estímulos que los saquen de sí mismos para esconderse de los sentimientos dolorosos, aunque su conciencia de la realidad exterior se mantenga intacta.

La realidad está determinada por sus emociones

Dado que los padres y demás personas EI afrontan la vida de una manera emocional en lugar de reflexiva (Bowen 1985), definen la realidad basándose en lo que *sienten* que es. Percibir una realidad idéntica a lo que sentimos en el momento es lo que se denomina *realismo afectivo* (Barrett 2017; Clore y Huntsinger 2007). Todos lo hacemos en alguna medida —cuando estamos contentos, nos parece que todo va sobre ruedas—, pero las personas EI lo llevan al extremo: las cosas *son* como a ellas les *parece* que son.

Por ejemplo, la madre de Darcy solía hacer dictámenes sobre toda clase de cosas, y lo que decía sencillamente no era verdad; lo decía solo porque se le ocurría que era así. Darcy no estaba segura de por qué le enfurecía tanto que lo hiciera, hasta que se dio cuenta de que era emblemático del egocentrismo patológico de su madre: todo y todos tenían que ser lo que ella pensaba que eran.

Consideran que los sentimientos de los demás no tienen fundamento

El padre y la madre EI se ofenden muy fácilmente, pero suelen ser insensibles a los sentimientos de los demás. Debido a su poca empatía, a menudo responden de una manera que al otro le resulta desconsiderada o hiriente. Esta falta de sintonía afectiva los priva de la inteligencia emocional necesaria para llevarse bien con la gente (Goleman 1995).

La intensidad de sus emociones simplifica en exceso la realidad

Estos padres y cualquier otra persona EI tienen emociones intensas, radicales, parecidas a los sentimientos inmoderados de un niño pequeño. Desde su perspectiva, cualquier persona o situación queda reducida a la categoría de maravillosa o abominable. Esta percepción maniquea de las cosas les impide experimentar en un mismo momento sentimientos contradictorios, por lo cual tienen poca posibilidad de equilibrar o atemperar sus emociones. Y esto es un problema muy serio, ya que es necesario que las emociones se combinen y adquieran nuevos matices para poder tener una percepción rica y verdadera de nuestra realidad multifacética. La madurez emocional nos permite experimentar una mezcla de emociones simultáneas, como estar tristes pero a la vez agradecidos o sentirnos furiosos y ser al mismo tiempo prudentes. Solo si experimentamos en nosotros mismos esa complejidad emocional podremos captar las emociones más sutiles de otras personas, así como todos los aspectos y detalles de la realidad.

La secuencia temporal de la realidad les trae sin cuidado

Darse cuenta de que los acontecimientos de la vida van enlazándose uno con otro en una secuencia cronológica es fundamental para entender cómo funciona la relación de causa y efecto. Sin embargo, las personas EI viven en el momento emocional inmediato, ajenas a menudo a la cadena de causalidad que se extiende en el tiempo. En lugar de concebir la realidad como una sucesión temporal de acontecimientos interconectados, experimentan cada acontecimiento como un episodio aislado que carece de relación con los demás. Esto hace que les cueste mucho intuir las repercusiones futuras de sus actos o aprender de sus errores. Ignorar la realidad secuencial del tiempo les permite decir y hacer verdaderos despropósitos sin sentirse luego obligadas a asumir las repercusiones lógicas de sus declaraciones o acciones pasadas. Por ejemplo, pueden olvidar alegremente que hace un instante su comportamiento ha indispuesto a los demás contra ellas. No entienden por qué las cosas no vuelven sencillamente a la normalidad una vez que están listas para interactuar de nuevo.

En lugar de analizar sus errores, piensan: «Eso fue entonces; ahora es esto». Se agarran a la filosofía del «pasar página» y «hacer borrón y cuenta nueva» o a cualquier otra que las exima de tener que procesar las lecciones del pasado. No atan cabos a fin de ver la trayectoria global de sus vidas, y por tanto no son conscientes de cuándo están cometiendo por enésima vez los mismos errores ni tienen posibilidad de dar un giro hacia un futuro distinto.

El futuro no es algo que realmente les importe, así que se sienten libres para engañar a los demás, crearse enemigos o tomar decisiones irreversibles. En busca siempre de gratificación inmediata, dejan que el futuro se ocupe de sí mismo, lo cual suele tener resultados previsiblemente desastrosos.

No tener noción de la secuencia cronológica de los acontecimientos hace también que la mentira se presente como una solución razonable. Las personas EI no parecen darse cuenta de que las acciones o mentiras del presente probablemente les pasarán factura. Llegado el momento, inventan algo que las libre de tener que responsabilizarse de ello, pero no se dan cuenta de la desconfianza que sus mentiras van creando en los demás.

Puede ser exasperante intentar que las personas EI asuman responsabilidad por lo que dijeron o hicieron. Debido a que sus recuerdos no tienen una conexión sustancial con el presente, no entienden por qué tendrían que ser un impedimento las cosas pasadas. Aquello ya quedó atrás: ¿cómo es que no lo has olvidado, igual que han hecho ellas? Sencillamente, no entienden que la relación de causa y efecto persista, en especial cuando los sentimientos que están en juego no son los suyos.

Cómo piensan

En el estudio que antes mencionaba, George Vaillant (1977) constató que la madurez para afrontar las cosas no está determinada ni por el nivel de educación ni por la posición social. La madurez emocional depende de algo mucho más profundo que la mera capacidad intelectual o la habilidad para forjarse lo que convencionalmente se entiende por una vida de éxito. La madre, el padre y demás personas EI tienden a presentar ciertas características de pensamiento, sobre todo en el mundo de las relaciones y las emociones.

Su inteligencia no se extiende al mundo de los sentimientos

Ser emocionalmente inmaduro no afecta necesariamente a la inteligencia en bruto. Las personas EI pueden ser muy inteligentes mientras no haya nada que las desestabilice a nivel emocional. Algunas son sumamente perspicaces y manejan los conceptos teóricos con gran habilidad; se desenvuelven de maravilla en el plano de las ideas abstractas o los modelos empresariales. Mientras los asuntos que deben tratar sean de carácter cognitivo o estén basados en datos, pueden tener una perspectiva de pasado y de futuro, y por ejemplo hacer presupuestos, análisis de hojas de cálculo o un plan de jubilación. Pero cuando una situación activa sus emociones, como ocurre en la relación con los demás o en un momento de tentación, o cuando la situación exige cierta empatía para poder comportarse con sensibilidad o con tacto, estas personas se desentienden por completo de las relaciones de causa y efecto.

Sus pensamientos sobre la vida son
simplistas, literales y rígidos

La inmadurez estructural que caracteriza la personalidad EI da lugar a una forma de pensar maniquea e insulsa que todo lo clasifica en la categoría moral de lo absolutamente bueno o lo absolutamente malo (Kernberg 1985). Estos individuos reducen la complejidad de las situaciones ambiguas o llenas de matices a juicios simplistas que pasan por alto lo esencial. Su proceso de pensamiento tiende a la literalidad; se basa en alguno de sus tres o cuatro conceptos predilectos y en unas pocas metáforas manidas. A las personas EI les desagrada la incertidumbre de una realidad en constante evolución, así que pueden llegar a defender irracionalmente lo que les resulta familiar. Aborrecen tanto la complejidad que no les interesan los hechos; solo quieren llegar a una conclusión rápida que concuerde con sus ideas preconcebidas.

A veces la gente confunde estos dictámenes simplistas con sentencias de sabiduría. Es característico de los padres y demás personas emocionalmente inmaduros hacer declaraciones categóricas de sonido atrayente. Gracias a la importancia que se dan a sí mismos, hacen esas declaraciones con autoridad. Sin embargo, si se examina con atención lo que han dicho, se ve que son frases trilladas que no aportan nada nuevo. Esto no tiene ningún parecido con la sabiduría de una persona madura, cuyas palabras se nos quedan en la mente y adquieren mayor profundidad cuanto más pensamos en ellas.

La rigidez mental de los individuos EI los hace maniáticos de las normas y los valores autoritarios. Los hace sentirse tan bien estar al mando que inventan arbitrariamente reglas por el solo gusto de que los demás las cumplan y se obstinan en mantenerlas vigentes incluso cuando las situaciones son tan complejas que tener que cumplir unas reglas estrictas va en contra del sentido común.

Sin embargo, el egocentrismo de la personalidad EI se traduce también en que estas personas, por su parte, se saltarán las reglas cuando a ellas les interese. Esta es la razón de que algunas lleguen a cometer actos de una inmoralidad tan flagrante en una cultura que se rige por normas: si en la legislación no existe una norma que prohíba específicamente cierto comportamiento, nada les impide tenerlo en un momento dado. Hay personas EI que se han hecho famosas por tener conductas *tan* inmorales que a nadie se le habría ocurrido establecer una norma explícita contra ellas.

La obcecación e intransigencia de estas personas crecen a la par que las situaciones se complican y los ánimos se tensan. Su rigidez de pensamiento les impide tener en cuenta las opiniones de los demás o las consecuencias imprevistas. Orgullosas de ser inflexibles, intentan hacer creer a los demás que su sentenciosa intolerancia es «fortaleza moral» o «arrojo».

— El caso de Frieda —

El padre de Frieda se puso furioso cuando se enteró de que su hija iba a casarse con un hombre de otra raza. No le interesaba en absoluto lo que Frieda pensara sobre el tema; el caso era que había roto una de las reglas que él había impuesto. Al ver que sus intimidaciones para hacerle cambiar de idea no surtían efecto, la repudió. Desde el día que Frieda abandonó la casa de sus padres se sentía como un fantasma, ya que nadie estaba autorizado a acogerla como miembro de la familia.

Se vuelven obsesivas

Al igual que el padre de Frieda, cuando las personas EI se sienten ofendidas, avergonzadas o tienen la sensación de que no se respeta su autoridad, empieza a apoderarse de ellas una ira obsesiva. Desde su punto de vista, el mundo está dividido en los buenos y los malos, y no pueden quitarse de la cabeza ni por un instante la maldad de aquel que ha herido sus sentimientos. Carecen de la flexibilidad mental o la disposición emocional que necesitarían para ver las cosas de otra manera.

Utilizan la lógica superficial para acallar los sentimientos

En lugar de ofrecer empatía, estas personas aplican la lógica como a ellas les parece a fin de quitar importancia a los problemas de los demás. El individuo EI siente que el malestar intenso que le provocan *sus* problemas está siempre justificado, pero cuando se trata de los tuyos le parece que no es para tanto, y ni siquiera presta atención a los factores emocionales profundos. Lo habitual es que apele a una retahíla de tópicos en lugar de considerar en serio tu dilema particular. La persona emocionalmente inmadura imagina que la lógica escueta y simplista de sus consejos disipará tus problemas. La realidad es que, cuando una situación requiere empatía, una respuesta puramente lógica no te sirve de nada.

Los padres EI suelen utilizar una lógica muy desacertada cuando su hijo acude a ellos buscando consuelo; le explican por qué no debe dejar que las cosas le afecten. Les gusta además sugerirle alguna contestación ingeniosa que debería haberle dado a esa persona que le ha ofendido: «En fin,

¡deberías haberle dicho que...!». Le repiten al niño que no se altere, que se sobreponga al disgusto y deje de preocuparse. Por supuesto, es imposible. Lo que realmente necesita el niño es un padre o una madre que lo escuche y lo ayude a procesar la angustia hasta que pueda colocarla en su lugar.

Cuando el niño está afectado por las repercusiones de algún error que ha cometido, los padres EI utilizan una lógica igual de ineficaz y tratan de hacerle ver que la verdadera solución habría sido no cometerlo. Fomentan la lógica ilusoria de que si todo el mundo pensara un poco antes de actuar, nadie cometería errores. Lo que el niño y la niña aprenden de esto es que no solo deben sentirse mal por el error que han cometido, sino también por ser incapaces de no cometer errores.

Ahora que conoces las características personales de tu padre o tu madre EI y entiendes mejor sus comportamientos, veamos qué estrategias utilizan para hacer que te sientas un mal hijo y tener control sobre ti. Se aprovechan de tus sentimientos y los vuelven en tu contra para que sientas que es responsabilidad tuya cuidar de su seguridad y estabilidad emocionales y su autoestima. Vamos a ver cómo consiguen dominarte con sus coacciones emocionales.

Coacciones emocionales y tácticas de dominación que utilizan los padres EI

Entendemos por coacción emocional el que alguien te induzca miedo, culpa y vergüenza, y te haga dudar de ti para poder controlarte. Sé que está de moda decir que nadie tiene el poder de *hacerte* sentir nada, pero la mayoría descubrimos que en nuestro caso sencillamente no es cierto. De hecho, las personas emocionalmente inmaduras son auténticas maestras en hacer que sientas justo lo que les interesa. Es indudable que un adulto tiene el poder de provocar en el niño determinados sentimientos, y lo mismo ocurre en la edad adulta cada vez que hay un desequilibrio de poder en una relación interpersonal. La solución no es fingir que somos inmunes a la influencia del otro, sino detectarla a tiempo y apartarnos rápidamente para evitar que nos domine.

Quizá llegue un día en que tengas tal habilidad para detectar y rechazar los intentos de apropiación emocional que dejes de ser vulnerable a ellos y nadie sea ya capaz de hacerte sentir lo que pretendía. Pero, entretanto, veamos cómo puedes librarte de las coacciones emocionales cuando se producen.

A continuación, examinaremos cómo consiguen las personas EI hacer que te sientas tan mal contigo mismo que acabes por rendirte y dejar que se apoderen emocionalmente de ti.

Dudar de ti socava tu autonomía y tu autoestima

Desde que eres pequeño, el padre y la madre emocionalmente inmaduros te castigan negándote cualquier clase de conexión emocional si expresas pensamientos o sentimientos que no les gustan. El miedo a ese distanciamiento te hace dudar de ti y te crea incertidumbre sobre los pensamientos y sentimientos que tienes.

Una vez que te han enseñado a dudar de ti, empiezas a pedirles a los demás su opinión para saber qué es lo correcto y confías en su perspectiva más que en la tuya. En lugar de averiguar qué piensas y sientes realmente tú, te preocupa solo que te acepten. La ambivalencia va minando tu confianza en ti y pierdes contacto con tus sentimientos e intuiciones porque te das cuenta de que, si no haces caso de ellos, recibes la aceptación de tu padre o tu madre, mientras que defender tu autonomía provoca tensión. Si quieres que tu padre o tu madre EI te acepte y te quiera, conviene que no estés demasiado seguro de ti mismo.

Pero cuando dudas de tus instintos más profundos, pierdes claridad mental. Tus pensamientos se enturbian, contaminados por la inseguridad y el miedo al rechazo. Cada vez te resulta más difícil pensar con lucidez cuando tus padres emplean sus tácticas coercitivas.

Tendemos a ceder a la coacción emocional porque nos duele demasiado admitir que odiamos lo que nuestros padres nos están haciendo. Pero el odio no es más que una señal de que nos están controlando, y a ninguno de nosotros nos gusta que nos culpabilicen ni sentirnos unos títeres manejados por los estados de ánimo de alguien. Así que tendrás inevitables reacciones emocionales, que a su vez te harán preocuparte por no estar siendo lo bastante bueno o cariñoso. Pero cuanto más dudes de tu bondad y tu autoestima, más caerás bajo la influencia del padre y la madre EI.

Si tienes miedo eres más fácil de controlar

El miedo es quizá la táctica más simple y directa que emplean las personas EI para controlar tus emociones; es tan sencillo como provocarte un estado psicológico en que seas más fácil de manejar. Los padres y demás personas EI son unos genios en el arte de infundirte miedo y crearte inseguridad. Recurren instintivamente a lo que sea, con tal de atemorizarte y que te comportes como ellos quieren, desde un estallido violento hasta una crisis emocional. Saben que una vez que el miedo se apodere de ti, estarás mucho más dispuesto a hacer lo que te dicen.

El maltrato físico es la táctica más eficaz para infundir miedo. Los miedos físicos se instalan a un nivel muy profundo, y es necesario tomar conciencia de ellos y tratarlos con mucha delicadeza y atención para desaprender sus efectos. Pero las amenazas de distanciamiento emocional, abandono o incluso suicidio pueden ser igual de dañinas.

Te inhibes

Al principio, quizá el niño solo tenía miedo a las reacciones de su padre o su madre, pero es posible que pronto empezara a temer también sus propios *sentimientos*. Un día comienzas a pensar que tus reacciones naturales son el problema, la causa evitable del conflicto con tus padres, y tristemente aprendes a experimentar una fuerte ansiedad en cuanto empiezas a sentir algo que a ellos les disgustaría (Ezriel 1952). Una vez que calificas de peligrosos algunos de tus sentimientos, en el instante en que los vas intuyendo los inhibes, para no dar ocasión a que tu padre o tu madre EI reaccionen a ellos. Esta inhibición demuestra que has caído en la trampa de su control emocional. Ya no necesitas una amenaza externa para inmovilizarte interiormente. Sabes lo que va a pasar, así que simplemente dejas de expresarte.

A menudo te sientes culpable

La culpa debería ser una breve señal correctiva, no una condición crónica. Su propósito es alentarte a pedir disculpas para que puedas mantener una buena relación con los demás. El sentimiento de culpa debería motivarte a pedir disculpas, no a odiarte. La culpa que experimentamos con madurez nos ayuda a enmendar las cosas, a aprender de los errores y a procurar no repetirlos.

Sin embargo, los padres EI explotan el potencial coercitivo de la culpa. Enseñan a sus hijos a sentirse mal por ser como son y a aspirar a ser perfectos. A estos niños no se les enseña a perdonarse por sus errores, ni aprenden que es posible salir del sentimiento de culpa asumiendo la responsabilidad por lo que ha ocurrido y enmendando la situación. Los padres y demás personas EI fomentan en ti el sentimiento de culpa porque saben que de ese modo les dedicarás más atenciones y serás más complaciente con sus necesidades.

En especial, estos padres EI les crean a sus hijos un sentimiento de culpa por no sacrificarse lo suficiente por ellos, al cual se suma la «culpa del superviviente», en caso de que estos hijos tengan una vida más feliz que la de sus padres.

La culpa por no sacrificarte. El padre y la madre emocionalmente inmaduros suelen pedirte más de lo que les puedes dar, pero si se te ocurre decir que no, te echan en cara que no los quieres. Como hijo adulto de unos padres EI, puede parecerte que la única manera de ser una buena persona es sacrificarte.

— El caso de Gina —

Un día los padres de Gina, ya mayores, le dijeron que estaban pensando en mudarse para estar más cerca de ella y que pudiera atenderlos en la vejez. A Gina se le cortó la respiración. Nunca había tenido una relación estrecha con sus padres, y sabía que era imposible complacerlos. Era la hija mayor y siempre había sido una especie de madre suplente para todos los miembros de la familia. Por otro lado, Gina se estaba recuperando de un cáncer de mama y, tras el divorcio, vivía con sus tres hijos adolescentes, que le daban ya suficientes quebraderos de cabeza. No podía ni imaginar lo que sería tener que cuidar también de sus padres. Pensó que hacerse cargo de aquellas dos personas egocéntricas e intransigentes podía ser la gota que colmara el vaso de su salud. Sin embargo, aunque habría querido decirles a sus padres que no, sabía que hacerlo la haría sentirse culpable. Me preguntó: «Pero ¿no tengo una obligación con ellos? Son mis padres».

Mi respuesta fue un rotundo no. Solo porque sus padres hubieran decidido que Gina se encargara de todo, ella no estaba obligada a ignorar la situación en la que se encontraba para darles lo que querían. No era una actitud responsable poner en peligro su salud física y mental solo porque sus padres la prefirieran a ella como cuidadora. Los padres de Gina estaban en buena posición económica y tenían otros dos hijos, que vivían cerca de ellos, a los que podían recurrir, además de un grupo de buenos amigos. Con que fuera un poco realista, Gina podía desentenderse de su petición sin pizca de culpa, pero lo cierto es que se sentía desazonada y obligada.

Los padres de Gina no habían considerado ni por un momento que sus deseos pudieran ser una carga añadida para su hija. No le preguntaron qué le parecía la idea; simplemente le comunicaron que se iban a mudar. Gina temía, con razón, que la acusaran de no quererlos si se atrevía a decirles que no. Pero era una conclusión equivocada: poner un límite personal no significa que no quieras a alguien, significa solo que estás reclamando el derecho a pensar también en ti.

Afortunadamente, Gina se dio cuenta de lo que estaba pasando y entendió que no era una mala persona por no querer sacrificar su salud para satisfacer el capricho de sus padres. Al final, les dijo que no, y después de sentirse heridos por su negativa y distanciarse de ella enfadados, decidieron mudarse cerca de la hermana de Gina.

La culpa del superviviente. A veces el hijo o la hija adultos se sienten culpables en la relación con sus padres EI simplemente por lo bien que les va la vida. La *culpa del superviviente* —sentirte culpable por tu buena fortuna cuando te comparas con los demás— puede surgir en ti si tienes unos padres a los que las cosas no les van del todo bien. Los padres EI suelen tener multitud de problemas, tanto en el trabajo como en las relaciones, y posiblemente despierten en ti la culpa del superviviente porque están deprimidos, sufren algún trastorno mental, tienen alguna adicción o no saben desenvolverse en el mundo adulto. Si te has creado una vida más feliz que la suya, es posible que te sientas culpable de tu éxito.

La culpa es un sentimiento consciente que se puede expresar fácilmente con palabras. Puedes hablar de por qué te sientes culpable, citar las razones y describir los sentimientos. Y como estamos familiarizados con la culpa y es fácil de expresar, a veces creemos que nos sentimos culpables cuando en realidad nos sentimos avergonzados.

Cuando sientes vergüenza eres más fácil de dominar

La vergüenza nace de sentirnos rechazados por los demás (DeYoung 2015). La vergüenza es mucho más profunda que el mero pudor, ya que te hace creer que tu bondad como ser humano está en entredicho. La vergüenza es una experiencia devastadora que te afecta al nivel más primario, pues no te dice solo que *has hecho algo mal*, te dice que en ti, como persona, *hay algo abominable e indigno*. La vergüenza puede ser tan insoportable que solo con que una persona EI te amenace con avergonzarte, harás lo que te pida. Ese sentimiento de no ser dignos de que nos acepten y nos quieran puede crear lo que Jerry Duvinsky (2017) llama *identidad esencial de vergüenza*, una sensación general de indignidad que está presente en todo momento a pesar de nuestras cualidades positivas.

Si alguien te avergüenza, puede hacer que pierdas la confianza en lo que piensas y sientes. Los padres emocionalmente inmaduros suelen avergonzarnos con frases como: «¡Tú estás loco!», «¿Estás mal de la cabeza?», «¡Cómo te atreves!», «¡Eso ni lo pienses!», «No tienes motivos para sentirte así» o «¡En mi vida he oído nada igual!». Los niños deducen de estas reacciones que hay algo en ellos seriamente trastornado. Al ridiculizar y avergonzar a sus hijos, el padre y la madre EI les enseñan a someterse a la dominación emocional de otras personas en sus posteriores relaciones adultas.

Es posible que seas especialmente vulnerable a la vergüenza si tus padres te tachan de *egoísta*. Nada es tan hiriente para una persona sensible como que la acusen de que los demás no le importan. Por eso, cuando los padres califican de «egoísta» al niño o la niña sensible, consiguen fácilmente que obedezca. Sin embargo, a lo que estos padres se refieren por lo general cuando hablan de egoísmo es a que sus hijos piensen por un instante en sí mismos, en lugar de ceder automáticamente a lo que sus progenitores quieren de ellos.

Vergüenza por tener necesidades

La dependencia del niño suele irritar al padre o la madre EI, que bastante tienen con preocuparse de sus asuntos. Debido a su poca paciencia, es posible que reaccionen con enfado a las necesidades de su hijo, como si estuviera haciendo algo malo, y de este modo consiguen que el niño se angustie por tener necesidades y hacerles la vida tan difícil a sus padres. Si a ti te trataron así, es posible que aún te avergüences por tener problemas o necesitar ayuda.

La sensación aniquiladora de la vergüenza

Patricia DeYoung (2015) describe lo devastador que puede ser para el niño que alguien se niegue a conectar emocionalmente con él en el momento en que más lo necesita.

Es insoportable la vergüenza que ese niño siente cuando suplica consuelo o afecto y se le niega. Si los esfuerzos por conectar con sus padres fracasan, puede que el niño se sienta desesperado, como si estuviera solo en el mundo. DeYoung explica que cuando los niños sienten que no importan, es como si la frágil estructura de su personalidad se desintegrara, como si se estuvieran muriendo. No es de extrañar que, si no reciben respuesta, les parezca que se acaba el mundo.

En mi trabajo con los hijos e hijas adultos de padres EI, muchos recuerdan la vergüenza tan profunda y aniquiladora de que sus padres los rechazaran en un momento en que necesitaban desesperadamente su ayuda. Lo describen como «hundirse en la oscuridad», «dar vueltas y vueltas alrededor de un agujero negro», «perderse desconectados de todo en el espacio exterior», «caer en el abismo» o «morirse físicamente». Esa sensación de dejar de existir es como se manifiesta la desintegración psicológica cuando alguien es testigo de tu necesidad pero no te responde (DeYoung 2015). Son tan angustiosas estas experiencias que suelen desterrarse de la memoria para no recordarlas nunca.

Esa angustia desoladora impulsa al niño a hacer algo, lo que sea, para que sus padres lo vean y le respondan. Por eso los niños pequeños tienen con frecuencia tales berrinches por cosas aparentemente insignificantes. Cuando su padre o su madre no reconocen lo que está experimentando en ese momento o no le dan importancia (Stern 2004), el niño pierde la cohesión interna y se siente caer en el vacío. No es capaz de mantenerse interiormente unido sin la comprensión que le transmite el apego parental (Wallin 2007).

No reconocemos la vergüenza como un sentimiento

El miedo a la vergüenza nos domina hasta mucho después de haber dejado atrás la infancia porque no nos han enseñado que es solo una emoción. No nos damos cuenta de lo mal que nos trataron y pensamos que la sensación de vergüenza es prueba fehaciente de nuestra maldad (Duvinsky 2017). Como dijo una cliente en un momento de claridad: «Pienso que no valgo nada porque eso es lo que *siento*». Sentimos que la vergüenza expresa la realidad porque es una experiencia emocional muy convincente. Sin embargo, si los padres ayudan a sus hijos a reconocer la vergüenza y a considerarla un sentimiento más, pueden evitar que acaben infligiéndose esa condena tan exhaustiva. El problema es que los padres emocionalmente inmaduros tienen ellos mismos tanta vergüenza enterrada que no pueden ayudar a sus hijos a entender lo que es.

Ejercicio: Rescata a tu yo avergonzado y temeroso

La vergüenza y el sentimiento de no valer nada tienen su origen en el miedo a no importarle a nadie y que te abandonen. Para combatir los sentimientos de vergüenza, Jerry Duvinsky (2017) recomienda aligerar el control que tienen sobre ti describiendo los temores que hay detrás de ellos y exponiéndolos exactamente como son. El método que yo utilizo con los clientes que manifiestan preocupación o ansiedad es pedirles que hagan una lista de lo que sienten que es lo más vergonzoso que podría ocurrirles. Una vez que identifiques la clase de vergüenza que más temes, da otra vuelta de tuerca y pregúntate: «¿Qué pasaría entonces?», y visualízalo, vete profundizando hasta que sepas que has llegado a la consecuencia más espantosa posible de que te avergonzaran de esa manera. Luego siéntate unos instantes y date cuenta de que no pasa nada catastrófico; es solo una sensación.

A continuación, relata el episodio o experiencia horroroso que acompaña a ese estado de avergonzamiento. ¿Cuál es la imagen de ti que aparece unida a la vergüenza? En lugar de resignarte a pensar que si eso ocurriera se acabaría el mundo, ¿puedes sentir compasión por la idea tan espantosa de ti que te han hecho tener? Ahora imagina que rescatas a ese yo interior avergonzado y le das el consuelo y la aceptación que necesita para que vuelva a sentirse valioso y entero.

Cuando sabes que ese sentimiento de malestar por ser como eres proviene del rechazo emocional que sufriste en tus primeros años de vida, empiezas a verte de forma diferente. Puedes entender que aquel sentimiento de que no merecías que nadie te quisiera venía probablemente de que tus padres estaban incapacitados para tener una conexión emocional íntima, no de un defecto fundamental que hubiera en ti. Tu necesidad de conexión emocional era normal, no era ni repelente ni fastidiosa, y *no* les habría resultado abrumadora a unos padres emocionalmente maduros.

Avergonzamiento sutil entre compañeros y adultos

La vergüenza sutil se utiliza con frecuencia para ejercer dominio social. Hay conductas sociales extremadamente hábiles en este sentido, como no responder a tus propuestas, quitar importancia a tus preocupaciones o insinuar que eres una molestia. Esta clase de comportamientos sutiles que alguien emplea para avergonzarte suelen ser difíciles de identificar con precisión porque no son descaradamente degradantes o groseros. Es posible que luego le des vueltas en la cabeza durante mucho tiempo a cualquiera de esos incidentes y no acabes de saber por qué te hace sentirte tan mal. Sin embargo, en cuanto consigas captar la dinámica del avergonzamiento sutil y tomarla por lo que es, te sentirás mejor de inmediato. Verás lo que está pasando y dejarás de alimentar la autoestima de la persona EI accediendo a sentirte inferior.

Ejercicio: Reflexiona sobre la dominación emocional

Describe en tu diario algún momento en el que te hayas sentido coaccionado emocionalmente por tu padre, tu madre u otra persona EI. ¿Recuerdas alguna ocasión en que utilizaran el miedo, la culpa, la vergüenza o pusieran en entredicho tu buen juicio con la intención de obligarte a hacer lo que ellos querían? ¿Cuál de sus tácticas surtió más efecto? ¿A qué tipo de coacciones emocionales eres más vulnerable? ¿Qué sensaciones físicas notas cuando alguien trata de avergonzarte para obtener algo de ello? Después de reflexionar sobre esto, escribe cómo podrías reconocer una coacción emocional en el futuro e impedir que alguien domine tus emociones.

Aspectos destacados que recordar

En este capítulo has podido verificar si creciste con un padre o una madre emocionalmente inmaduros, y ahora sabes que hay diferentes tipos de padres EI, así como cuáles son las características esenciales de la personalidad EI en general. Has leído también sobre su enfoque egocéntrico de la vida, su tendencia a ignorar la realidad y su peculiar sentido del tiempo. Has visto que los padres EI saben cómo provocarte sentimientos de inseguridad, miedo, culpa y vergüenza para coaccionarte emocionalmente a que veles por su autoestima, su estabilidad emocional y su seguridad. Con sus avances emocionales, consiguen reafirmar su dominio y socavar tu confianza en ti mismo, pero solo hasta que te das cuenta de lo que están haciendo.

Capítulo 3

El anhelo de relación con tu padre o tu madre EI

Por qué lo sigues intentando

S i tienes unos padres emocionalmente inmaduros, es posible que sigas echando de menos tener una relación más estrecha con ellos. Puede que todavía desees que demuestren más interés por tu vida. Y por encima de todo, puede que sigas esperando que algún día te quieran de una forma que te haga sentir que les importas de verdad. Tal vez hayas soñado con encontrar la manera de llegar a ellos, de descubrir finalmente la vía y la táctica correctas para establecer contacto. Quizá hayas tenido la esperanza de que, como persona adulta, encontrarías la forma de que al fin se abrieran emocionalmente a ti.

Por desgracia, los miedos y la necesidad de defenderse que caracterizan la personalidad EI hacen que les sea casi imposible tolerar un verdadero contacto emocional durante demasiado tiempo. En este capítulo, examinaremos por qué las esperanzas de tener una relación más auténtica con tus padres EI se traducirán posiblemente en decepción y soledad emocional.

Las experiencias afectivas que echas de menos

Como hija adulta* de un padre o una madre EI, probablemente no recibiste en tu niñez suficiente aprobación, conexión emocional o comunicación íntima, todo eso que a una niña le hace sentir que sus padres la quieren. No obstante, es posible que tus padres soltaran una carcajada ante la sola idea de que pudieras no haberte sentido querida. Si les miraras a los ojos y les dijeras que sentías que no te querían, se quedarían igual de desconcertados que tú. ¡Por supuesto que te quieren, eres su hija! ¿Cómo iban a saber ellos que tenían que tratarte de una determinada forma para que lo *sintieras*?

Querer sentir el amor del padre o la madre EI es como pretender saber lo que se siente estando en una montaña contemplándola en una fotografía. Ves su forma y su color, pero no puedes experimentar el frescor del aire, los sonidos crepitantes de los árboles ni la atmósfera de espaciosidad y grandeza. Lo mismo ocurre con tus padres: los ves, pero te falta la sensación de su presencia emocional. Es como si

---

* N. de la T.: Por la cercanía y calidez con que se dirige la autora a la persona que esté leyendo este libro –hijo o hija de unos padres emocionalmente inmaduros– y el carácter íntimo de los temas que trata, me ha parecido lo más indicado alternar el femenino y el masculino en los capítulos de la traducción para facilitar la conexión directa de cada lectora y lector con esa voz que le habla personalmente.

trataras de relacionarte con su imagen reflejada en un espejo, en lugar de cara a cara. No sabrías decir exactamente en qué lo notas, pero sabes que no tienes conexión directa con ellos.

Vamos a explorar ahora más a fondo lo que has echado de menos y has anhelado de tus padres EI.

Anhelas que sepan quién eres

Sabemos que los niños necesitan atención y una conexión afectiva, pero ¿cómo logra eso una madre o un padre? Hace falta algo más que mirar y escuchar. Tiene que haber una implicación psicológica activa por parte de los padres. Puede que un padre mire a los ojos a su hija que le está contando algo y sea capaz de repetir un instante después todo lo que ha dicho, pero si ese padre no tiene la sensibilidad para imaginar el estado interior de la niña mientras la escucha (Fonagy *et al.* 2004), ella no sentirá la conexión. Lo que establece la conexión no es lo que ese padre responda con palabras, sino el interés que muestre por la experiencia subjetiva de su hija (Stern 2004). Cuando el yo interior del padre sintoniza con el mundo interior de la niña, ella se siente reconocida, comprendida y querida.

Si te fijas en cualquier niño pequeño que esté con sus padres, verás la cantidad de veces que busca el contacto visual y una verdadera interacción con ellos (Campbell 1977). No lo hace solo para que le presten atención; el niño se nutre emocionalmente de esos momentos de conexión con sus padres (Mahler y Pine 1975). Los niños necesitan la entrega emocional y el afecto de sus padres para crecer más fuertes y seguros, y ser en última instancia más independientes. No es de extrañar que el amor de los padres sea tan fundamental.

Tu actual deseo de tener una relación mejor con tus padres nace, en parte, de la necesidad de reconocimiento y respuesta que todavía siente tu niña interior. Por desgracia, como hemos visto, cualquier intento de conectar con un padre o una madre EI suele toparse con su negativa a establecer una interacción más auténtica. El nerviosismo que les produce entrar en un nivel emocional profundo —su fobia al afecto (McCullough *et al.* 2003)— hace que rechacen de plano la intimidad que tú desearías.

Quieres mejorar la comunicación

Como persona adulta, es posible que hayas aprendido los requisitos básicos de una buena comunicación y te hayas dado cuenta de lo importante que es saber comunicarte para que cualquier relación sea satisfactoria. Tal vez has aprendido a hablar con franqueza cuando hay un problema y a tratar de resolver las cosas directamente con la otra persona. Si luego has probado a hacer todo esto con tus padres, habrás descubierto posiblemente que, aunque es cierto que una comunicación clara es la base de una buena relación, solo funciona cuando la otra persona está dispuesta a participar.

A los padres EI les violenta la comunicación emocional. No están acostumbrados a tratar con los sentimientos de otras personas y no saben qué decir. En lugar de escuchar con empatía a sus hijos cuando están disgustados o calmarlos con afecto, estos padres suelen intentar consolarles con golosinas o con alguna actividad. Y una vez que sus hijos llegan a la edad adulta, les resulta igual de difícil establecer una comunicación emocional con ellos.

Te sientas con ellos y quizá lo único que quieres es poder mantener una conversación sincera o hablar de cómo podríais mejorar vuestra relación. Tú solo intentas de todo corazón propiciar un acercamiento, pero es probable que a ellos les dé la impresión de que quieres lanzarlos a una oscura fosa submarina de la que no conseguirán salir.

Vamos a detenernos un instante y a imaginar cómo podrían interpretar tu padre o tu madre esa invitación tuya a la comunicación. Quizá cuando eran niños, que alguien quisiera hablar con ellos significaba que les iban a reñir por algo que habían hecho. Que tú les digas que te gustaría que hablaseis, tal vez les haga pensar que vas a culparlos de algo, lo cual los pone todavía más a la defensiva. Por eso conviene iniciar siempre una conversación profunda preguntándoles si pueden dedicarte un poco de tiempo, cinco o diez minutos, y haciendo solo preguntas concretas o contándoles nada más que una o dos impresiones tuyas. Si la primera vez consigues que sea una conversación breve y estructurada, quizá estén dispuestos a responder más adelante a preguntas menos formales.

Ejercicio: ¿Cómo han ido las cosas cuando has intentado comunicarte?

Piensa en alguna ocasión en la que hayas intentado que tu padre o tu madre te escuchara y hablara contigo a un nivel profundo. ¿Cómo respondió? ¿Cómo te sentiste después de abrirte a él o a ella? Describe en tu diario el recuerdo que tengas de aquel momento. Si su reacción no fue la que te hubiera gustado, ¿crees ahora, después de lo que has leído aquí, que el problema pudo haber sido su dificultad para relacionarse a un nivel profundo? Escribe tus conclusiones.

Echas en falta sus elogios y su aprobación

Muchos hijos e hijas adultos de padres EI tienen la esperanza de que los logros y el éxito sean la clave mágica para que sus padres les dediquen mayor atención. Incluso cuando consiguen tener una vida próspera y tal vez hasta su propia familia, estos hijos adultos siguen buscando la aprobación de sus padres.

El perfeccionismo y los esfuerzos por triunfar son las vías que algunos utilizamos para intentar ganarnos esos elogios y aprobación suyos que tanto nos importan. Quizá, con este fin, elegimos profesiones con las que impresionarles o nos casamos con alguien que, por sus cualidades, sería el sueño de cualquier padre o madre. Pero es muy difícil conseguir los elogios de unos padres cuya mayor preocupación en la vida son ellos mismos. Los logros de sus hijos no les interesan demasiado, a menos que les sirvan para presumir.

Muchos de mis clientes cuentan lo mucho que les sorprendía que sus padres presumieran de ellos delante de algún amigo pero a ellos nunca les hubieran dicho directamente lo orgullosos que estaban. Como hija suya, esto te confunde, y sin embargo tiene su lógica, porque presumir delante de los demás les permite a estos padres mantener la distancia emocional contigo y conseguir al mismo tiempo que tus logros obtengan reconocimiento social. Para ellos es una actitud mucho menos comprometida que mirarte a los ojos y decirte lo satisfechos que están de ti. A unos padres emocionalmente inmaduros les resultaría muy violento hacerte un elogio tan directo e íntimo.

Comportamientos EI que impiden la conexión

He aquí cinco rasgos habituales del comportamiento emocionalmente inmaduro que son un obstáculo para tener una relación auténtica con estos padres.

1. No demuestran interés

A los padres emocionalmente inmaduros, muchas veces parece que no les interese la vida de sus hijos. Debido a su escasa empatía y a la preocupación extrema por sus propios asuntos, rara vez demuestran interés por algo que no les concierna directamente. Es fácil que se entusiasmen hablando de lo que les interesa y que, un instante después, se muestren desinteresados o distraídos si sus hijos empiezan a contarles algo.

— El caso de Brenda —

El padre de Brenda, un hombre taciturno de Nueva Inglaterra, se había ocupado de ella desde que la madre de Brenda, inestable y punitiva, había muerto cuando ella tenía quince años. Pese a ser bastante reservado, a veces cuando su hija era pequeña la consolaba tras las diatribas inmoderadas de la madre. Por eso, para Brenda él era la figura afectuosa de la familia, aunque por lo demás mostrara poco interés por las actividades de su hija.

Con el tiempo, Brenda llegó a ser una investigadora médica muy respetada. Cuando la invitaron a hablar de su trabajo en una prestigiosa conferencia internacional, pensó que su padre estaría al fin contento e impresionado por sus logros.

Sin embargo, su padre mostró poco interés. La tibieza con que respondía a los éxitos de Brenda la dejaba destrozada. Parecía estar empeñado en no darse cuenta de todos los esfuerzos que hacía su hija por ganarse su aprobación. Y si en alguna ocasión acudía con ella a una ceremonia de entrega de premios, la avergonzaba delante de todo el mundo con comentarios groseros y despectivos sobre su trabajo. No era capaz de salir de sí mismo lo suficiente como para entender que aquel no era el momento de expresar sus opiniones.

Había muy pocas cosas que le interesaran al padre de Brenda; básicamente le importaban solo sus convicciones políticas y el estado de la economía. Por mucho que Brenda consiguiera en su profesión, a su padre le parecía poco importante en comparación con lo que le interesaba a él. Cada vez que Brenda lo llamaba, al colgar el teléfono se quedaba con la sensación humillante de estar rogándole a su padre que se sintiera orgulloso de ella.

2. Están siempre ocupados

Algunos padres EI consiguen mantener la distancia alegando que están demasiado ocupados y no tienen tiempo de pararse y conectar. El niño que crece con unos padres que están siempre ocupados sabe que el verdadero interés de sus progenitores está en otra parte y que él ocupa un segundo lugar, detrás de las actividades externas que de verdad les importan. Esta clase de padres tan atareados tienen a veces tal obsesión con su trabajo o con triunfar en la vida que la relación con sus hijos es muy pobre. No se dan cuenta de que los están privando de su presencia y atención. Pero ¿qué pueden hacer ellos? ¿No está claro que no es culpa suya, que es que no dan más de sí?

El padre y la madre que inconscientemente colocan a la cabeza de su lista de prioridades el trabajo, una actividad física, obtener un título de grado superior, socializar o hacer labores de voluntariado no se hacen una idea clara del tiempo que eso les quita de estar con su familia. Es como si no fueran capaces de imaginar que una actividad tan provechosa pueda ser perjudicial para nadie. Si alguien tiene alguna queja, intentan hacerle entender que la importancia de esa actividad bien merece un pequeño sacrificio por parte de todos.

— El caso de Katie —

La madre de Katie estaba siempre en mitad de algo cuando ella iba a visitarla, ya fuera terminando de limpiar la casa, preparando la cena o devolviendo unas llamadas telefónicas. Katie se daba cuenta de que su madre estaba impaciente por que terminara la visita para poder seguir con lo que estuviera haciendo, siempre con la excusa de que en otro momento tendría tiempo de relajarse un rato con ella. Ese momento nunca llegó. Incluso en las ocasiones en que accedía a sentarse a hablar con Katie, tenía un ojo puesto en la televisión o se dedicaba a garabatear en la revista de juegos de palabras. Si Katie le llamaba la atención, contestaba: «¡Te estoy escuchando!», pero seguía haciendo garabatos o mirando la televisión de reojo. Su padre era igual; en cuanto encontraba ocasión se iba al garaje a enredar con sus cosas. En medio de aquel ajetreo constante, era imposible que se creara entre ellos una verdadera conexión emocional. El temor de sus padres a la intimidad se ocultaba detrás de todas las cosas que «tenían que hacer».

Cualquiera puede acabar no teniendo un minuto libre por un exceso de actividades o responsabilidades, ya sean relacionadas con el trabajo o con las obligaciones domésticas. Pero unos padres que tengan cierta sensibilidad emocional se tomarán en serio las palabras de su hijo, si se queja del poco tiempo que pasa con ellos. Cuanto mayor sea la madurez emocional del padre y la madre, más empatizarán con la experiencia de sus hijos, e intentarán, dentro de lo posible, que haya un mayor equilibrio entre sus ocupaciones y estar a su disposición.

Por supuesto, a veces las realidades económicas no permiten que un padre o una madre, por mucha madurez emocional que tengan, les dediquen a sus hijos tanto tiempo como a todos les gustaría. Es duro para toda la familia que no haya elección posible sobre las horas que tienen que trabajar. Pero si ese padre o esa madre escuchan los sentimientos de su hijo y le explican la situación económica en la que están, al menos el niño sabrá que la separación que experimenta obedece a una razón de peso, y no a que su padre o su madre está más interesado en otras cosas.

3. Manifiestan envidia y celos

Algunos padres emocionalmente inmaduros envidian el éxito de sus hijos y la atención social que reciben. En lugar de alegrarse por ellos, el padre y la madre *envidiosos* quitarán importancia a las capacidades y logros de sus hijos. Carecen de la madurez necesaria para poder regocijarse indirectamente con la buena fortuna de otra persona. En su enfoque competitivo de la vida, un hijo que tenga éxito amenaza con robarles el protagonismo.

Los padres *celosos* se sienten excluidos cuando su hijo o su hija recibe la atención de alguien, ya que consideran que les está quitando una atención que debería ser suya. Mientras que la envidia es codiciosa —quieren algo que tú tienes— y se da en cualquier contexto, los celos solo aparecen en el de las relaciones. A estos padres les molesta que sus hijos reciban una atención especial, puesto que la quieren para ellos solos.

— El caso de Shonda —

A la madre de Shonda le gustaba hacer de matriarca en su círculo social, y no soportaba que la gente le prestara más atención a su hija que a ella. Incluso cuando

Shonda era ya una mujer adulta, en público la seguía tratando como si fuera una niña. En una reunión familiar, un hermano de la madre se acercó a saludarlas. Shonda era agente de libertad condicional, y su tío le dijo que le interesaba mucho escuchar su opinión sobre un delito juvenil que se había cometido en el barrio hacía unos días. Antes de que Shonda pudiera responder, su madre, en tono de incredulidad, soltó un: «¿Shonda? ¿Qué puede saber *Shonda* de *eso*?». Aunque en realidad Shonda sabía mucho sobre aquello, su madre no podía soportar la idea de que todas las miradas se centraran en su hija.

— El caso de George —

Al padre de George le encantaba ser el centro de atención. Cuando de niño George invitaba a sus amigos a casa, su padre lo hacía blanco de innumerables bromas y desprecios. Conseguía que los niños se pusieran de su parte y traicionaran el vínculo de amistad que tenían con George, a pesar de lo mal que, obviamente, se sentía su hijo.

En vista de las circunstancias, el niño y la niña que tienen unos padres envidiosos y celosos quizá aprendan que es mejor ocultar su talento o hacer lo posible por no llamar la atención, para no arriesgarse a que su padre o su madre los humillen. A causa de la envidia y los celos de sus padres, puede que el éxito sea un asunto ambivalente para estos hijos en la edad adulta.

4. Se disgustan y pierden los papeles con facilidad

Algunos padres EI no tienen una buena conexión emocional con nadie porque viven en un torbellino de crisis y emociones impredecibles. No consiguen relajarse y dejar pasar las cosas, y son extremadamente quisquillosos con detalles de lo más intrascendente. Su sensibilidad patológica a las críticas los hace verlas incluso en los comentarios bienintencionados, y nunca sienten que nadie se preocupa lo suficiente por ellos. A veces estos padres acaban volviéndose paranoicos y convenciéndose de que todo el mundo está en su contra sin ningún motivo. Se alteran tanto por todo que quienes conviven con ellos se pasan el día intentando tranquilizarlos y restaurando la calma cada vez que la cosa más mínima va mal. Alguien que está consumido hasta este punto por sus miedos y proyecciones no tiene desde dónde establecer una conexión tranquila y afectuosa.

5. Son incongruentes y contradictorios

La personalidad del padre y la madre EI tiene una estructura muy poco integrada que les hace vivir emocionalmente fragmentados y compartimentados, lo que da lugar a comportamientos muy contradictorios e incongruentes. Es difícil tener una verdadera relación adulta con ellos porque son como niños: una amalgama de estados de ánimo reactivos, más que individuos con una personalidad coherente e integrada. Como veíamos en el capítulo uno, al parecer no han desarrollado un yo cohesionado que les dé estabilidad y seguridad interior.

En la personalidad de todo ser humano hay partes que son casi como pequeñas subpersonalidades autónomas dentro de la personalidad global (Schwartz 1995). Reconocemos que existe en nosotros esa multiplicidad interior (Goulding y Schwartz 2002) cada vez que decimos cosas como: «No sé qué me hizo comportarme así», «Hoy no te reconozco» o «Una parte de mí lo quiere hacer, pero otra no». Los terapeutas han llamado de diferentes formas a estos aspectos de la personalidad: el *niño interior* (Bradshaw 1990; Whitfield 1987; Capacchione 1991), los *roles* y *voces* interiores (Berne 1964; Stone y Stone 1989) o el *sistema familiar interior* (Schwartz 1995). Que tu personalidad tenga distintas facetas no es una patología clínica, como lo es el trastorno de «personalidad múltiple»,[*] sino una característica natural de la personalidad humana.

En los individuos emocionalmente sanos, las distintas partes de su personalidad funcionan juntas de una manera integrada y consciente, como un comité bien coordinado. Sin embargo, en el padre y la madre emocionalmente inmaduros las diversas partes de la personalidad están aisladas y hay una permanente contradicción entre ellas. Debido a la falta de integración, las partes defensivas de la personalidad EI pueden tomar el mando repentinamente, sin previo aviso. Esta activación inesperada de partes contradictorias de la personalidad explica las incoherencias, a menudo chocantes, de estos padres y demás personas EI.

Para sentirse emocionalmente a salvo, interactúan a través de las partes más precavidas y protectoras de su personalidad (Schwartz 1995). Ocasionalmente bajan la guardia —por ejemplo cuando se enamoran—, pero lo más probable

---

[*] N. de la T.: Denominado actualmente trastorno de identidad disociativo.

es que el desasosiego y la desconfianza vuelvan a instaurarse muy pronto, ya que sus partes protectoras no permitirán que haya verdadera intimidad emocional durante mucho tiempo. En cuanto presienten un acercamiento demasiado íntimo, estas partes defensivas encuentran rápidamente un motivo para sospechar del otro, acusarlo o iniciar una pelea. Por eso, aunque es posible que las personas EI expresen verdadera ternura en algunos momentos, son incapaces de tolerar una conexión emocional estable.

Quizá ahora temes ser también tú una persona emocionalmente inmadura

Mientras lees sobre la inmadurez emocional de tus padres, es posible que te preguntes si no habrás sido también tú una madre o un padre EI para tus hijos. Es comprensible que te hagas esa pregunta, ya que todos hemos demostrado a veces una falta de interés, hemos estado demasiado ocupados, nos hemos alterado o hemos sido envidiosos o incoherentes. La diferencia es que cuando alguien tiene una conexión emocional con sus hijos, estos son estados pasajeros que no interfieren en su capacidad global de relacionarse.

Si estás leyendo este libro, probablemente eres muy consciente de haber sufrido una falta de conexión con tus padres. Es muy probable que sepas lo que es no sentirse importante, o tener una baja autoestima, debido a la privación emocional, los malos tratos o los abusos. Ser consciente de esto seguramente significa que pensarás en el efecto que tienes en tus hijos, y lo más probable es que como madre o padre no les transmitirás el mismo tipo de dolor emocional.

El hecho en sí de que te importe no influir negativamente en tus hijos es indicativo de que corres poco riesgo de padecer inmadurez emocional. Que te preocupe la posibilidad de tener un comportamiento emocionalmente inmaduro es señal de que eres capaz de reflexionar sobre tus actos, de sentir empatía por los demás y de que quieres aprender y evolucionar psicológicamente, cualidades que rara vez presenta una persona EI. Todos cometemos errores o hacemos daño a los demás en algunos momentos, pero si te importa lo que sucede en el interior de otras personas e intuyes sus sentimientos, si te importa cuidar tus relaciones y asumes tu parte de responsabilidad en los problemas, eres por definición una persona emocionalmente madura.

Tener unos padres EI no significa que tú vayas a ser una madre o un padre emocionalmente inmaduro. De hecho, tal vez seas la persona de tu árbol genealógico que finalmente pare en seco la transferencia de dolor emocional de generación en generación. Basta con que te des cuenta de cómo se siente tu hija o tu hijo, de que los escuches con empatía y les hagas saber de verdad el sitio que ocupan en tu corazón. Pídeles disculpas cuando te equivoques, tómales totalmente en serio, olvídate para siempre del sarcasmo y la burla y trátales con respeto. Si el niño o la niña sabe que estás presente, que los respetas, que eres ecuánime y empatizas con lo que experimentan, no sentirán la soledad emocional que posiblemente sentiste tú.

Por qué sigues esperando e intentando tener una relación con tus padres EI

Teniendo en cuenta lo dolorosas y solitarias que pueden llegar a ser las relaciones con los padres emocionalmente inmaduros, ¿cómo es que sus hijos adultos continúan intentando conectar con ellos? ¿Por qué siguen confiando en ser capaces de conseguir que sus padres sean sensibles y respetuosos, incluso cuando el hecho es que con frecuencia son hirientes o dominantes? La respuesta es que de vez en cuando esos padres dan motivos para confiar en que es posible, y a sus hijos puede costarles mucho ajustar a la realidad las expectativas que eso les crea. Veamos qué razones puedes tener como hijo adulto para seguir intentando conectar con tus padres EI.

A veces los padres EI sí te dan lo que necesitas

Un niño pierde la esperanza de conectar con su padre o su madre solo si *por norma* se desentienden de él y lo rechazan. Unos padres que hacen eso son una puerta cerrada, y sus hijos lo saben. Pero unos padres que *a veces* se muestren emocionalmente receptivos te harán vivir a la espera de que eso se repita. De tanto en tanto, cuando tienen un buen día, bajan la guardia, y sientes suficiente conexión como para disfrutar de verdad de estar con ellos. Estas fugaces experiencias de disfrute son las que mantienen viva en sus hijos, a cualquier edad, la esperanza de establecer finalmente un día esa conexión emocional sincera con sus padres.

Por ejemplo, es posible que en alguna ocasión vivieras un momento especial con tu padre o tu madre y te llegaran su alegría y afecto. Tal vez en esos momentos relajados olvidaran su rigidez habitual y te demostraran una ternura o camaradería que te hicieron sentir que la espera había valido la pena. Quizá a veces, cuando estaban contentos por algún motivo, tus padres eran juguetones, dejaban que les tomaras el pelo y te hacían partícipe de su buen humor. Durante esos buenos momentos, es probable que disfrutaran de volver a ser niños contigo. Mientras te entusiasmara tanto como a ellos jugar a lo que estuvierais jugando, todo iba bien.

Pero si un padre o una madre EI tiene que descifrar por qué a su hijo no le entusiasma ese juego, o tiene que hacer un esfuerzo por complacer al niño, puede que ahí termine la diversión. Comprendes muy pronto que tienes que querer lo que ellos quieren para que los buenos momentos continúen. Es posible que intenten dirigirte con frases como «¿a que es divertido hacer esto?» o «¿a que ya no tienes ganas de jugar a aquello otro?» para obtener de ti la respuesta que buscan. La alegría de los padres emocionalmente inmaduros se enfría rápidamente cuando los deseos del niño no coinciden con los suyos.

Los padres EI pueden ser también muy generosos a veces, pero su generosidad tiene trampa. Suelen pensar primero en sus gustos y le regalan al niño lo que a ellos les gustaría tener. Sus regalos suelen reflejar lo que a ellos les interesa, no las preferencias del niño. Es como si, inconscientemente, se lo regalaran a sí mismos de manera indirecta. Otras veces, los padres EI eligen un regalo que *a cualquier niño le gustaría*, sin tener en cuenta los gustos particulares de su hijo o su hija. Aunque, por supuesto, a veces aciertan de pleno y la alegría que siente el niño al pensar en lo bien que lo conocen renueva sus esperanzas de que le quieren.

También es posible que los padres EI bajen las defensas y se abran emocionalmente si están sometidos a la presión de una adversidad extrema o se sienten al borde de la muerte. En condiciones tan extraordinarias, algunos reflexionan sobre su conducta y expresan remordimiento. Para el niño, vislumbrar la cualidad de una relación más auténtica puede ser una experiencia muy valiosa; ahora bien, si intentara llevar las cosas un paso más lejos, puede que su madre o su padre volviera a cerrarse. Por desgracia, la necesidad que sienten de protegerse emocionalmente les impide mantener mucho tiempo seguido esa apertura.

Sientes una vinculación afectiva y crees que es posible la relación

Vinculación afectiva y *relación* son cosas diferentes (Stern 2004). La vinculación afectiva es la sensación de seguridad y pertenencia que nace de la familiaridad y la proximidad física (Bowlby 1979), y crea una atmósfera de familia y comunidad tribal, pero la relación satisface nuestra necesidad emocional de conocer a la otra persona y de que ella nos conozca. Puede que te sientas muy vinculado afectivamente a alguien incluso aunque esa persona muestre poco interés por ahondar en su relación contigo y por tu experiencia subjetiva (Stern 2004).

Si la hija y el hijo adultos se sienten vinculados afectivamente a sus padres EI, tal vez den por sentado que entre ellos y sus padres hay verdadero amor, lo cual no es necesariamente cierto. Cuando sentimos con fuerza esa vinculación afectiva con nuestro padre o nuestra madre, parece que *tendría* que ser posible mantener con ellos una relación satisfactoria; y sin embargo, por desgracia, a menudo no es así. Para distinguir entre vinculación afectiva y relación, pregúntate si la persona con la que sientes ese vínculo percibe tus estados emocionales íntimos y tiene interés por tu experiencia subjetiva. Sin esa empatía e interés, puede que se trate más de una vinculación afectiva que de una relación basada en el amor.

Para recuperarte de lo que es vivir expuesto a la dominación emocional de tus padres EI, tal vez tengas que reeducarte y entender que la vinculación afectiva que pueda haber entre vosotros no es lo mismo que tener con ellos una relación de verdad. Ahora, como adulto, quizá te convenga más invertir en enriquecer tu relación contigo y rebajar las expectativas sobre el tipo de relación que realmente puedes tener con un padre o una madre emocionalmente indiferentes.

Proyectas en ellos tus buenas cualidades y tu madurez

La mayoría entendemos la proyección como un mecanismo de defensa psicológica negativa, que suele traducirse en proyectar en el otro nuestros defectos o nuestra sospecha injustificada de que tiene la intención de hacernos daño. Pero proyectar equivocadamente en los demás nuestras cualidades *positivas* es un problema casi igual de serio. Los hijos adultos de padres EI son especialmente propensos a dar por sentado que los demás son psicológicamente similares a ellos y a ver en la gente un potencial o una madurez que no se corresponden con la realidad. De entrada es razonable considerar que una persona es madura o inteligente si nada demuestra lo contrario, pero no hasta el punto de esperar de ella comportamientos de los que es incapaz. Este exceso de optimismo es un hábito que el niño y la niña se crearon en sus primeras etapas de vida, cuando necesitaban creer en la bondad de sus padres.

Lo mismo en el trato con tu padre o tu madre EI que en cualquier otra relación adulta, es fundamental que sepas discernir entre las características de la personalidad emocionalmente inmadura y tus cualidades. No te hagas líos, proyectando en los demás una sensibilidad y unas aptitudes que son tuyas. Es importante que los veas tal y como son, para que puedas tomar decisiones acertadas sobre la relación que es posible tener con ellos.

La realidad puede ser demasiado dolorosa de asimilar

Para el niño, la personalidad emocionalmente esquiva de sus padres EI es a veces tan decepcionante que no puede soportar verlos tal y como son. Así que, para proteger su psique todavía muy frágil, se aferra a la fantasía de estar conectado emocionalmente con ellos. Magnifica sus buenas cualidades y las interpreta como señal de auténtica conexión, aunque la actitud de los padres hacia él sea quizá incluso emocionalmente abusiva o distante. Es algo que he visto en muchos clientes de psicoterapia, que llegaban hablando de su infancia y de sus padres en términos elogiosos y acababan por darse cuenta de lo poco que habían recibido de ellos a nivel emocional.

La fantasía de haber tenido una relación buena y cariñosa con tus padres suele ser preferible a afrontar la poca empatía que recibiste y lo ilusorio que pudo ser tu sentimiento de conexión. Uno de los momentos más fructíferos para quienes acuden a psicoterapia es el de enfrentarse a la verdad sobre lo que nunca recibieron. A veces se quedan tristes y se enfadan, pero a continuación empiezan a tener más interés en conectar con otras personas. Tú también puedes empezar el proceso en el siguiente ejercicio, pero *insisto en que contemples la posibilidad de acudir a psicoterapia o a un grupo de apoyo* para que te ayuden a procesar los sentimientos a veces intensos que puedan aflorar.

Ejercicio: Lo que quizá te perdiste

Para empezar el proceso, abre tu diario y dedica un poco de tiempo a reflexionar con calma sobre lo que quizá te perdiste en la niñez por tener unos padres emocionalmente inmaduros. (Ponerte delante una fotografía tuya de la infancia mientras haces el ejercicio puede darle un carácter auténticamente revelador). Luego completa estas frases y sigue escribiendo tras cada una de ellas los pensamientos que vayan surgiendo.

Me perdí la oportunidad de ser...
No tuve la oportunidad de sentir...
Me dolió, pero aprendí a aceptar...
Ojalá nunca me hubieran hecho sentir....
Si hubiera tenido una varita mágica, habría hecho que mi madre fuera más...
Si hubiera tenido una varita mágica, habría hecho que mi padre fuera más...
Solo quería que alguien me...

Cuando hayas terminado de escribir tus reflexiones, hazle saber a tu niño interior que vas a darle ahora la atención y aceptación que no recibió, y a intimar emocionalmente con personas que muestren reciprocidad y un interés sincero por conocerte.

¿Por qué no cambian?

Los hijos adultos de padres emocionalmente inmaduros son propensos a tener *fantasías de curación* (Gibson 2015); secretamente confían en poder cambiar a sus padres y tener una relación gratificante con ellos. ¿Recuerdas a Gina, del capítulo dos, cuyos padres ya mayores querían mudarse para tenerla cerca? Gina confesó que una de las razones por las que se planteó acceder a sus deseos era la fantasía de que un día su padre, insoportablemente crítico e irascible, se desprendería al fin de su coraza y eso les daría la oportunidad de conectar. Le preocupaba estar cerrando la puerta, quizá, a esa última oportunidad de acercamiento si no les dejaba hacer lo que tenían pensado.

Estate al tanto de esta clase de fantasías, porque mantienen viva en ti la esperanza de que tus padres cambien, lo cual es muy improbable que ocurra. Es más probable que te cures de tus carencias y tu dolor gracias a tus propios esfuerzos que por lo que ellos hagan. Si algo mejora en vuestra relación, será casi con seguridad gracias a un cambio de perspectiva tuyo, no a que haya habido un cambio en ellos.

Es comprensible que, si echas en falta la comunicación y conexión con tus padres, pienses que secretamente ellos quieren lo mismo. Pero es casi imposible que ningún intento tuyo por propiciar un acercamiento surta el efecto que esperas, ya que es fácil que la intensidad emocional de tales encuentros los desestabilice. Si intentas acercarte emocionalmente a un padre o una madre EI, su instinto es replegarse. El amor que les quieres transmitir, a ellos solo les incomoda. Se han formado ya un estilo de personalidad que los protege. No quieren cambiar.

En algún momento de sus vidas, los padres EI reprimieron hasta tal punto su profunda necesidad de conexión que en la actualidad no comprenden a qué viene tanta insistencia. Puede que no entiendan por qué es tan importante para ti conectar con ellos porque no son conscientes de lo vital que es esa conexión para tu seguridad emocional y tu autoestima. En lo más íntimo, muchos padres EI se valoran a sí mismos tan poco que no se pueden creer que su presencia o su afecto sean vitales para sus hijos. A estos padres les resulta casi imposible imaginar lo mucho que podrían ofrecerles a sus hijos con solo estar a su lado.

La tristeza por tener que renunciar a tu fantasía de sanación

Aceptar las limitaciones de tus padres EI puede ayudarte a tener expectativas más realistas, pero quizá te cueste renunciar al sueño de que podrían cambiar y convertirse en el padre y la madre cariñosos que de niño necesitabas. Probablemente esa fantasía te ha ayudado a superar los momentos difíciles que has vivido con ellos; tenías la esperanza de que un día te compensarían por la soledad emocional y la inseguridad que te habían causado hasta entonces. Pero en lugar de vivir en el país de los sueños, tal vez sea mejor que aceptes la realidad.

La necesidad de duelo

Aunque tus esperanzas se hayan basado en una fantasía, desprenderte de ella es una pérdida real. No puedes renunciar a algo tan importante sin llorar el vacío que te deja.

Además del dolor de la desilusión, puede que también te sientas triste por lo que sacrificaste para adaptarte a tus padres. Sin embargo, esa tristeza por lo que tuviste que reprimir te pondrá de nuevo en contacto con partes de ti que se perdieron, a las que en su día nadie prestó atención. Espero que las escuches, porque escuchar y procesar el dolor de esas partes reprimidas te dará la libertad para ser plenamente quien eres y sentirte completo.

Cuando dejas de esperar que tus padres cambien, puedes enfrentarte al fin a lo herido, solo y asustado que te sentías de niño. Probablemente entonces tuviste que quitar importancia a lo que significaba vivir con aquellas heridas emocionales, para poder seguir creciendo. En aquel tiempo, era beneficioso para ti abrigar la esperanza de que a tus padres algún día les importarían tus sentimientos y buscarían la manera de tener una conexión más profunda contigo. Pero ahora, como adulto, es más beneficioso que renuncies a la esperanza de que tus padres cambien. Cuando dejas de anhelar que te rescaten, puedes conectar con tus propias necesidades emocionales y crear un vínculo más sólido contigo mismo, con tu desarrollo futuro y tus futuras relaciones.

Elige tu yo activo en lugar de tu yo sufriente

Como hijo de unos padres emocionalmente inmaduros, tal vez una parte de ti llegó a la conclusión de que la mejor manera de llevarse bien con ellos era sufrir en silencio y no complicar más las cosas. Ese *yo sufriente* (Forbes 2018; Perkins 1995) se amolda a la figura parental dominante anclándose en un sentimiento de impotencia que se prolonga en el tiempo y se traduce en una actitud pasiva en las relaciones. En lugar de enfurecerse o saber con claridad lo que quiere, el yo sufriente se queda inmovilizado en una infelicidad crónica y un sentimiento de ineptitud. En la infancia tuvo que renunciar a la asertividad para adaptarse a la situación tan difícil en que se encontraba, pero no le debes permitir que siga dirigiendo tu vida (Schwartz 1995).

El yo sufriente nos convence de que el sacrificio nos hace buenas personas, o al menos personas con más posibilidades de que los demás nos quieran. Pero llega un momento en que ese yo sufriente debe retirarse de escena y dejar de ser el modelo para nuestras relaciones. Cuidar activamente de ti es mucho más inteligente que sucumbir a la impotencia y adoptar una actitud pasiva a la hora de tratar con unos padres autoritarios. Como persona adulta que eres, ha llegado el momento de que hagas lo que más te ayude a conservar la energía y a darte lo que necesitas.

Ajusta tus expectativas y ocúpate de ti

Ahora que has leído sobre las fantasías de sanación, pregúntate si es posible que lo que echas tanto en falta no sea realmente una *relación* más estrecha con ese padre o esa madre concretos, sino más bien *el sentimiento* de que eres una persona digna de amor y aceptación. ¿Elegirías a tu padre o a tu madre como nuevos amigos con los que te encantaría pasar el tiempo? Si no es así, quizá haya otras maneras de que te sientas bien siendo tú. Quizá no necesites el amor de tu padre o de tu madre para sentir lo valioso que eres. ¿Es posible que ahora, como adulto, puedas darte ese amor a ti mismo teniendo una relación más atenta e íntima contigo?

La segunda mitad del libro trata sobre cómo tener una relación satisfactoria contigo mismo, para lo cual te invita a explorar tu mundo interior, a establecer nuevas intenciones y a actualizar el concepto que tienes de ti. Aprenderás a favorecer tu propio crecimiento interior, a abrir tu corazón a relaciones más fructíferas y a un mayor disfrute, al tiempo que fortaleces tu sentido de individualidad y te afianzas en las cualidades que te hacen ser tú. Con estas prácticas, trabajarás en tu desarrollo personal por lo que significa en sí mismo, no como forma secreta de conseguir finalmente la aprobación de tus padres EI.

Entretanto, puedes canjear tu anhelo de tener una relación más satisfactoria con tus padres por un nuevo objetivo, que es verlos desde una perspectiva más realista, comprender sus limitaciones y ajustar tus expectativas. Mientras te aferres a un sueño que no pueden hacer realidad, la relación será frustrante para ellos y para ti.

No puedes cambiarlos ni puedes hacerlos felices. Incluso aunque te dejes la piel, lo más que conseguirás será reducir brevemente su descontento. Porque aunque su sistema de relación emocionalmente inmadura (SREI) les haga considerarte responsable de su felicidad, tienen unas limitaciones emocionales que no les permiten absorber lo que intentas darles.

Sentirás el corazón más ligero cuando aceptes que no puedes hacerlos felices, ni arreglarles la vida, ni conseguir que estén orgullosos de ti. En la mayoría de los casos no está a su alcance pensar en lo que tú puedas sentir ni son capaces de mantener una relación emocional de reciprocidad. No te escucharán demasiado tiempo seguido y posiblemente nada que hagas será jamás suficiente. Seguirán viendo en ti a su hijito pequeño, no a una persona adulta en la plenitud de sus facultades. Tratarán de dominarte y exigirán ser la parte importante en la relación. Sus intereses serán siempre lo primero y, aunque seas una persona ejemplar, es probable que sigan criticándote y haciéndote comentarios humillantes y despreciativos.

Sube el listón de lo que esperas de las relaciones

Si en la infancia aprendiste que los demás eran más importantes que tú, puede que traslades la lección a tus relaciones adultas. Tal vez creas que desear reciprocidad es esperar demasiado y que la frustración emocional crónica es normal en una relación. Muchos hijos adultos de padres EI hacen suyas afirmaciones como «es que una relación cuesta mucho trabajo», porque es lo que experimentaron viviendo con sus padres. No les parece extraño tener problemas de pareja que requieran asesoramiento profesional incluso antes de haberse casado. Inconscientemente, *esperan* que en una relación íntima haya insatisfacción y sea difícil comunicarse.

Quizá también a ti te resulte chocante leer que lo natural es que tu pareja se preocupe por sus sentimientos, se interese por cómo vives tú las cosas y desee tanto como tú tener una relación de verdad. Si creciste con unos padres emocionalmente inmaduros, puede que te parezca aceptable conformarte con que tu pareja te preste un poco de atención cuando tiene tiempo y solo en determinadas circunstancias. Pero ser consciente de que alguien te está dando solo esporádicos tentempiés emocionales, y no una conexión satisfactoria, te libera para que busques nuevas fuentes de sustento emocional.

Si a nivel emocional no recibiste mucho de tus padres en la infancia, tal vez en tus relaciones adultas tengas una disposición exagerada a ser tú quien se esfuerce por hacerlas funcionar. Aunque no seas feliz en una relación, sientes que debes aceptar lo que se te ofrece. Pero ha llegado el momento de que cuestiones cualquier relación en la que exista ese desequilibrio y busques algo más satisfactorio. A la par que trabajas para reducir las expectativas de tener una buena relación con tus padres y otras personas EI, deberías subir el listón de lo que esperas de las relaciones, a fin de encontrar amigos y parejas que estén igual de dispuestos que tú a hacer lo necesario para crear una relación basada en la empatía y la reciprocidad.

Ejercicio: Lo que buscas ahora

Ahora que has decidido encontrar la satisfacción emocional que te faltó en la infancia, reflexiona tranquilamente y utiliza tu diario para completar las siguientes frases sobre tus nuevas posibilidades:

Ahora tengo la oportunidad de ser...
Por fin tengo la oportunidad de sentir...
Algunos de los comportamientos que ya no voy a aceptar de nadie son....
Voy a buscar personas que sean...
Voy a buscar personas que quieran...
Ahora me veo como...

En resumen, no te hacen falta la aprobación y la atención de tus padres para ser lo que quieres ser ahora. Una vez que empieces a confiar en tu mente adulta y a escuchar a tu corazón, descubrirás dentro de ti toda la orientación y el apoyo que desearías haber tenido hace años. Comenzar a valorarte y a explorar tu mundo interior mitigará el dolor de que tus padres no sean capaces de ver quién eres. No los necesitas para sentirte valioso y capaz de despertar amor, ya que es un sentimiento que ahora puedes recibir de ti y de otras personas que busquen esencialmente lo mismo que tú.

Aspectos destacados que recordar

Los padres EI dejan en sus hijos una dolorosa necesidad de conexión, comunicación y aprobación. En lugar de darles la atención y el afecto que anhelan, a menudo solo muestran desinterés o envidia, o están demasiado ocupados para atenderles, o se impacientan con ellos por el menor motivo. Tal vez has vivido con la esperanza de que un día mejorara la relación con tu padre o tu madre EI, pero sus defensas e incoherencias los hacen emocionalmente inasequibles. Sin embargo, cuando aceptas finalmente sus limitaciones, puedes poner tu atención en mejorar tu relación contigo y con los demás. Una vez que te desprendes de tus ilusiones y lloras la imposibilidad de recibir de ellos lo que habrías querido, empiezas a tener una relación más realista con ellos, con los demás y también contigo.

Capítulo 4

Cómo impedir las apropiaciones emocionales

Reconoce las distorsiones del otro y no te desconectes de ti

La apropiación emocional consiste en que una persona emocionalmente inmadura induzca en ti emociones e ideas que le permitirán controlarte a su conveniencia. En este capítulo, aprenderás a reconocer las coacciones y los intentos de apropiación emocionales desde el primer instante. Con la práctica, llegarás a ser tan consciente de los movimientos psicológicos de las personas EI que ya no volverás a dejarte enredar en su sistema de relación explotador. Verás que estas personas consiguen apropiarse emocionalmente de ti argumentando de un modo muy convincente la urgencia de sus necesidades y preocupaciones, y aprenderás a sortear sus avances sin disociarte de ti. (Como en este capítulo hablo de las personas EI en general, esto incluye por supuesto a todos los padres emocionalmente inmaduros).

Mantén una mentalidad activa

Este capítulo te enseñará a esquivar con resolución los intentos de dominación emocional y a no dejar que una persona EI te coaccione emocionalmente para que hagas lo que ella quiere. En lugar de ceder a sus pretensiones, este es el momento de que te recuerdes: «Puedo parar esto ahora mismo». Afirmar esta mentalidad activa te da la fuerza para impedir que la corriente de sus intenciones te arrastre.

Una cliente describía esta actitud resuelta como la determinación de no dejarse presionar por las exigencias de los demás. Dijo: «No voy a dejar que sus exigencias dicten cómo debo comportarme. No voy a permitir que se metan en mi vida y me digan cómo tengo que ser».

Cuando tomas la determinación de ser tú quien decida sobre tu vida, en lugar de ceder a la presión de las personas EI, te vuelves menos vulnerable a la atracción subconsciente de su sistema de relación emocionalmente inmadura (SREI) y a la apropiación emocional en que se traduce. Tener una mentalidad *activa* es una preparación, te dispone a pensar con autonomía en lugar de acceder automáticamente. En el momento en que cuestionas lo que alguien hace que suene irrebatible, estás protegiendo activamente tus límites y tu independencia. Ya no aceptas sin más que te corresponda a ti reparar su autoestima o estabilizar sus emociones.

Cuando aprendes a percibir con claridad las sensaciones que te produce la presión de una persona EI, sus intentos de apropiación emocional te resultan más obvios y más fáciles de contrarrestar. En cuanto ves lo que están haciendo, sus conductas coercitivas pierden fuerza. En vez de ser su víctima, volverás a estar de tu parte.

En primer lugar, veamos cómo consiguen estas personas que sus problemas parezcan más importantes que cualquier cosa que pueda estar pasándote a ti.

Puedes plantarles cara a sus percepciones y conclusiones distorsionadas

Las personas EI ven el mundo a través de una especie de *campo de distorsión* (Wald 2018) que lo exagera todo y hace que sus necesidades parezcan intrínsecamente más importantes que las de los demás. Si no tienes mucho cuidado, aceptas sus distorsiones como si fueran la realidad y estás de acuerdo en que sin duda son circunstancias extraordinarias que merecen ser tu prioridad más apremiante.

Deja de aceptar que ellas son lo más importante

Si creciste con un padre o una madre EI, lo más probable es que te pareciera que algunas personas eran realmente más importantes que otras. Por ejemplo, en muchas familias, todas las miradas se dirigen a la persona EI en cuanto entra por la puerta. Ella es el centro de atención, y todo el mundo la mira instintivamente, porque nadie podrá ya concentrarse en nada si llega de mal humor. En la mitología familiar, a esa persona se la considera tan sumamente especial que los miembros de la familia se esfuerzan en todo momento por no hacer nada que la altere.

Así que ¿quién podría culparte por pensar que es normal que el estado emocional de alguien gobierne la vida de los demás? Para el niño o la niña que todavía está aprendiendo cómo son las cosas en este mundo, el estatus del que goza la persona EI es un hecho evidente.

Aunque el dominio que ejerce en la familia el individuo EI no es ni normal ni saludable, no hay forma de que un niño lo sepa, porque los niños rara vez ven cómo funcionan otras familias. Lo único de lo que puede ser testigo es del trato que recibe esa persona en su familia, y esto le hace pensar: «Así deben de ser las cosas: papá es realmente la persona más importante del mundo», «Los sentimientos de mamá son claramente más importantes que los nuestros» o «Por supuesto que las exigencias de mi hermanita pequeña tienen que ser motivo de crisis para todos».

Pero ahora, como adulto, sabes que las cosas no son así. Tienes derecho a pensar en tus propias necesidades. En contra de lo que espera cualquiera que sea emocionalmente inmaduro, tu propósito en la vida no es hacer que alguien se sienta más poderoso de lo que es en realidad. Una persona no puede pretender que se le conceda más importancia que al resto solo porque siente que está por encima de todos. Esa persona y tú sois existencialmente iguales; nadie es más importante que nadie. Ni le perteneces ni estás aquí para servirle.

Pregúntate si de verdad es una emergencia

El campo de distorsión de las personas EI lo convierte todo en un enorme problema. Para ellas, cualquier vicisitud de la vida cotidiana puede constituir una crisis que hay que resolver de inmediato. Cuando están alteradas, te conviene hacer primero lo que se te dice y preguntar después. Si creciste con un padre o una madre EI, probablemente vivías en tensión, con una aprensión constante, vigilando al milímetro su estado de ánimo para poder reaccionar a tiempo y evitar la crisis del día. ¿Tienes que quitarte rápidamente de su vista? ¿Captar sus señales corporales de malestar y preguntarles si les ha pasado algo? ¿Asegurarte de que nadie los molesta? ¿Escuchar sus quejas? ¿Tratar de tranquilizarlos? ¿Hacerles sentir lo mucho que todos los quieren? Lo que sea que haga falta lo haces porque temes las consecuencias de su desestabilización emocional.

A menudo es difícil saber si los problemas de las personas emocionalmente inmaduras tienen una base real o son solo un episodio más de su habitual exposición de traumas. ¿De verdad han sido víctimas de una agresión verbal? ¿Realmente alguien las ha atacado sin motivo, o quizá han sido ellas quienes lo han provocado? Es difícil saberlo. Su campo de distorsión les hará decirte que nada es nunca culpa suya y que los demás están decididos a hacerles daño. Por suerte, ahora sabes lo suficiente sobre sus tácticas de apropiación emocional como para no tomarte al pie de la letra la urgencia de sus preocupaciones.

Desde el interior de su campo de distorsión, actúan como si tú fueras la única solución a sus acuciantes problemas. Pero una vez que deje de hipnotizarte la importancia distorsionada que estas personas se conceden a sí mismas, te darás cuenta de que, en el contexto global de la vida, no tienen derecho a apoderarse emocionalmente de ti ni son más importantes que tú. Hay *dos* vidas humanas que importan, no una. No es cierto que sus necesidades les otorguen un estatus todopoderoso ni que tengan más derecho a recibir atención que el resto de los seres humanos.

No caigas en la trampa de sus halagos

Las personas EI suelen utilizar la adulación para engatusarte y que accedas a lo que quieren. Quizá se comporten contigo como si tuvieras respuesta para todo o fueras la única persona capaz de arreglar sus problemas. Te dicen que no saben qué harían sin ti. (Aunque sospecho que tardarían poco en encontrar a alguien más dispuesto).

Estas personas te proponen un trato muy singular: si haces lo que quieren, lo serás *todo* para ellas. Lo que dice la letra pequeña, no obstante, es que la valoración que hagan de ti será igual de buena o de mala que tu última actuación. En este acuerdo distorsionado, puedes serlo todo en un determinado momento y no ser nada en el siguiente. Desde su perspectiva fundamentalmente egocéntrica de las relaciones, o eres fenomenal e inigualable o no les sirves para nada; no hay término medio.

Los halagos de una persona EI pueden resultarle muy seductores a cualquiera. Todos queremos sentirnos especiales. ¿Cómo no va a despertarte el interés alguien que te hace sentir que eres la respuesta a sus plegarias? Es fácil perdonarle cualquier cosa a esa persona en cuanto sientes que vuelves a serlo *todo* para ella, incluso aunque el resto del tiempo te ignore o te falte al respeto. Posiblemente aguantes lo inimaginable, con solo que de vez en cuando te haga sentirte importante, adorable y especial. Es la clase de adulación que utilizan los timadores, los líderes de las sectas, los dictadores y otros explotadores para colarse arteramente en la psique de las personas. Saben que la gente necesita sentirse única y lo utilizan para afianzar su poder.

No tienes por qué dejarte encandilar por los halagos de ningún individuo EI. Ninguno de ellos te propone un trato que sea razonable en ningún sentido. Además, ¿realmente *quieres* ser esa persona tan especial a la que puedan recurrir cada vez que necesitan algo? ¿No preferirías relacionarte con gente auténticamente amable, que sienta por ti un interés sincero en vez de cubrirte de lisonjas porque ese día están de buen humor y a punto de conseguir lo que quieren?

Cómo liberarte de su campo de distorsión

Vamos a hablar ahora sobre la importancia de dar un paso atrás y hacerte las preguntas que te pueden liberar del campo de distorsión de las personas EI que les hace creerse más importantes que tú.

Evalúa la veracidad de su urgencia

Los individuos EI lo exageran todo. Como si fueran niños pequeños, cada vez que sufren una frustración o una ofensa parece que se acabara el mundo. Son como el pastorcillo mentiroso que gritaba «¡que viene el lobo!»; no sabes si creerlos o no. Por eso es tan importante que no aceptes a ciegas su perspectiva absolutamente egocéntrica de cualquier situación en la que se encuentren. Depende de *ti* aclarar la realidad de las cosas. De lo contrario, te arrastrarán a un drama tras otro, todos aparentemente urgentes y desesperados. Para protegerte, vale la pena que evalúes objetivamente la situación y veas cuánto hay de cierto en sus percepciones, por lo general distorsionadas.

Lo primero es resistirte al tono de imperiosidad con el que suelen expresar sus súplicas. No tienes por qué contagiarte de su alarmismo y su deformación de la realidad, y desde luego no tienes por qué aceptar como verdad su posible tergiversación de los hechos. Eres libre de dar un paso atrás y examinar con objetividad su situación o consultarlo con un tercero. Pídele a la persona EI detalles concretos: quizá las cosas no sean tan urgentes como parecen. Conociendo su tendencia a la distorsión emocional, ¿crees que deberías tomarte al pie de la letra su versión sobre la magnitud del problema?

Pon un poco de distancia y analiza la situación

No olvides que en cualquier crisis hay muchos aspectos que las personas EI no toman en consideración a causa de sus innumerables distorsiones y miedos. Cuando se encuentran ante un problema grave, se aterrorizan. En su mente, la única solución es que alguien las salve. Quieren que te lances con ellas a su agujero negro de desesperación y que luego milagrosamente lo arregles todo.

Te corresponde a ti decidir qué clase de respuesta es la más conveniente, sin dejarte influir por la presión y las emociones desbocadas. ¿Cómo de grave es la situación, en caso de que realmente lo sea? Tienes que ser tú quien examine esto, porque ellas no lo harán. La respuesta adecuada a cualquiera de sus emergencias no es actuar de inmediato, sino dar un paso atrás y determinar primero lo que la situación verdaderamente requiere.

En algunos casos, estas personas se enfadarán si quieres analizar las cosas en lugar de acceder inmediatamente a sus deseos. Es muy posible que se sientan traicionadas, si en algún momento das a entender que sus reacciones pueden estar siendo la causa de algunos de sus problemas. Si no les das al instante lo que te piden, interpretarán que es porque no las quieres. Pero puedes decirles que no crees que actuar impulsivamente sea la mejor solución y que, como te están pidiendo ayuda, te gustaría reflexionar con calma y que pensarais juntos en otras posibles soluciones que quizá fueran más acertadas.

Si se niegan, estarán poniendo de manifiesto la mayor distorsión de todas: que tú no importas tanto como ellas. Afortunadamente, no tienes por qué aceptar este ofrecimiento de relación desequilibrada en la que tus intereses no tienen cabida. No tienes ninguna obligación de anteponer las necesidades de otro adulto a las tuyas. Explícales que no haces las cosas sin pensarlas y diles que pueden contar contigo para hablar del asunto más adelante si están dispuestas a tomar también en consideración lo que tú necesitas.

Preguntas que debes hacerte cuando estés en medio de un intento de apropiación emocional

¿Cuál es la realidad (no solo qué te están contando)?

¿Cuáles son los hechos verificables de la situación?

¿Cuál es la gravedad de la crisis? ¿Es una emergencia? ¿Para quién?

¿Es la mejor solución lo que te están pidiendo que hagas?

¿Podrían resolverlo ellos solos una vez que se tranquilicen?

¿Debería ser responsabilidad tuya?

Si te haces estas preguntas, podrás determinar si se trata de una verdadera crisis o es solo un intento de apropiación emocional disfrazado de problema.

Averigua si realmente es tu obligación

Cuando las personas EI tienen una crisis, te hacen sentir que es tu obligación ayudarlas. Esta es la primera fase de su apropiación emocional: su problema es tu problema. Si tienes dudas y quieres pensar las cosas, su respuesta airada será básicamente: «¡No me puedo creer que no vayas a hacer por mí lo que necesito!». Pero tu responsabilidad, ante esta acusación expresa, es tomar un poco de distancia y preguntarte si realmente *tienes* la obligación de hacer lo que te piden, en *esas* circunstancias concretas y con *esos* elementos concretos en juego. Porque de lo contrario, si les otorgas el derecho a ser la voz de tu conciencia, estarás cediéndoles por entero el control de tus emociones.

Nadie más que tú tiene derecho a definir qué es tu obligación y tu responsabilidad en una relación. La urgencia del problema por el que reclama tu ayuda la persona EI da a entender que no tienes alternativa. Pero por supuesto que la tienes. No eres una mala persona por querer reflexionar o buscar formas de ayudarla que no signifiquen sacrificar tu bienestar. Acuérdate de preguntarte: «¿Es una emergencia? ¿Es esta la mejor solución? ¿Es responsabilidad mía?». Tienes derecho a examinar con calma todo lo que esa persona cree que te corresponde hacer. Averigua cuáles son las responsabilidades de cada cual preguntándote: «¿Qué me corresponde hacer a mí, qué le corresponde hacer a ella y qué significa realmente —si es que significa algo— una obligación?».

Cuando el sentido del deber te haga sentir que no tienes elección, pregúntate quién dice que esa es la única solución posible y por qué. No puede ser que haya solo una opción válida cuando hay dos o más personas implicadas. Trabajando juntas podríais dar con una idea que sea aceptable para *ambas* partes. Como sugiere Byron Katie (2002), pregúntate: «¿Es esta "obligación" que sientes una *verdad* cósmica absoluta?». Una indagación racional revelará que la opinión de esa persona no es la única forma de ver las cosas.

Deja de facilitarles sistemáticamente las cosas

Rescatar sistemáticamente a alguien de las consecuencias de sus actos, o hacer por esa persona cosas que podría hacer ella sola, debilita su capacidad resolutiva, ya que una vez tras otra eres la respuesta a sus problemas. Al actuar de este modo estás confirmando que a ella sola le es imposible resolver la situación, con lo que le estás dando derecho a apropiarse de tu vida.

Cuando los individuos emocionalmente inmaduros se quedan atrapados en sus campos de distorsión, los temores les nublan el entendimiento y son incapaces de ver alternativas. No porque no haya alternativas a la vista, sino porque no se conceden el tiempo necesario para verlas. Debido a la precipitación con la que actúan en todo momento, te presionarán para que intervengas de inmediato. Pero si intervienes demasiado deprisa, confirmas su convencimiento de que necesitan que alguien acuda a resolverles las cosas, lo cual refuerza su alarmismo y justifica sus exigencias y reacciones.

— El caso de Bert —

Bert recibió una llamada telefónica de su hermano pequeño, Tom, que en tono de extrema ansiedad le pidió prestados diez mil dólares. Sabiendo que la deuda de su hermano era mucho mayor y que aquella solución impulsiva no resolvería el problema, Bert lo animó a que lo pensara con calma. Para ralentizar un poco las cosas, le sugirió que escribiera todos los detalles de la situación y se los contara cuando hubiera terminado. De este modo Bert podría pensar despacio en lo que estaba dispuesto a hacer, y a Tom tal vez le sirviera de aprendizaje sentarse y buscar la solución a un problema especificándolo por escrito. Pero Tom se sintió ofendido. No entendía de qué serviría eso, él quería el dinero. En la irritación de Tom estaba implícito que, a su parecer, Bert estaba obligado a darle los diez mil dólares; sin embargo, le ofendía que su hermano por su parte le pidiera algo tan razonable como especificar la situación por escrito. Ninguna entidad de crédito contemplaría conceder un préstamo sin hacer antes la misma petición.

Es algo sorprendente, en vista de la aparente urgencia del problema, que a veces, si no acudes de inmediato al rescate de la persona EI, el problema se resuelve solo. No es raro que sigas preocupándote durante horas por una crisis suya, y luego te enteres de que ella pasó página rápidamente, se fue a dormir o encontró algo que la hizo sentirse mejor. Conviene tener presente que, por definición, cualquier emergencia percibida desde el prisma de un campo de distorsión podría ser una realidad distorsionada.

Recuerda que tienes derecho a tomarte tu tiempo y considerar si realmente quieres ayudar a alguien o no. No tienes por qué dejarte coaccionar y prestarle ayuda en contra de tu buen juicio.

Decide antes lo que estás dispuesta a ofrecer

Averigua antes a qué estás dispuesta a comprometerte: en qué circunstancias intervendrías y en cuáles no. Este debería ser un ejercicio detallado y reflexivo, y deberías hacerlo cuanto antes, sin esperar a que llegue la siguiente llamada de socorro. Te conviene tener cierta idea de qué límites consideras aceptables *antes* de entrar en la zona de distorsión de una persona EI.

Por ejemplo, puede que estés de acuerdo en prestarle ese mes dinero para el alquiler, pero solo si eres tú quien se lo entrega directamente al propietario. O puede que estés dispuesta a ayudarlo con otros asuntos, pero solo una vez que esa persona haya hecho una serie de cosas para ayudarse a sí misma. Esas decisiones debes tomarlas tú, y tienes perfecto derecho a hacerle preguntas sobre su situación y a no aceptar sin más su perspectiva. Tal vez puedas sugerirle entonces otras formas de ayuda que, desde el prisma de su campo de distorsión, no es capaz de ver.

Otro ejemplo es el de una pareja de edad ya avanzada que se había gastado miles de dólares intentando que su hijo dejara las drogas y encontrara trabajo. Les había robado, pero cada poco tiempo seguía pidiéndoles un préstamo más. La pareja finalmente se puso seria y reflexionó sobre cuánto estaban dispuestos a darle a su hijo en el futuro y en qué condiciones. Pensaron en todas las posibles situaciones funestas que podían presentarse y decidieron dónde poner los límites. Así que estaban preparados cuando su hijo insinuó al cabo de un tiempo la posibilidad de volver a vivir con ellos. Conocían su estilo de vida y sabían que sería incompatible con el de dos personas jubiladas. Las prioridades para ellos eran su salud y su matrimonio. No se dejaron confundir por las tácticas de su hijo ni cayeron en la trampa de su coacción emocional porque habían pensado las cosas de antemano.

Ejercicio: Prepárate para la próxima vez

Piensa en las personas El cercanas a ti que acostumbran a dar por sentado que entiendes su situación y les prestarás ayuda. Prepárate para la próxima vez haciendo una lista de todo lo que estarías dispuesta a hacer por ellas y lo que no; desde cosas que no dudarías en ofrecerles (tu padre tiene sed y le das agua) o que te hacen dudar (tu prima te ha invitado a que vayas de vacaciones con ella y su familia) hasta peticiones que podrías rechazar sin el menor sentimiento de culpa (tu madre quiere que le compres un utensilio de cocina carísimo porque sus amigas lo tienen). Y siguiendo con estas posibilidades, imagina hipotéticas situaciones futuras en las que te gustaría prestar ayuda y situaciones en las que no. Puede que jamás te encuentres exactamente en ninguna de ellas, pero este ejercicio te servirá para descubrir de antemano qué límites consideras aceptables.

Excepciones importantes

No siempre somos tan fuertes como nos gustaría, y es posible que a veces acabes cediendo a una petición porque estás demasiado agotada como para resistirte o no tienes la claridad suficiente. Es comprensible. Solo fíjate en cómo te sientes cuando alguien influye intencionadamente en tus emociones hasta conseguir de ti lo que quiere y toma nota para el futuro. Otras veces la situación te parecerá demasiado seria como para decir que no y quedarte tan tranquila, y acabarás interviniendo porque los posibles riesgos de no actuar te parecen demasiado altos.

Probablemente decidas prestar ayuda si una vida está en peligro

Si hay una vida en peligro, posiblemente sea el momento de hacer una excepción. Por ejemplo, un hombre decidió pagarle a su hermano una habitación en un hostal barato durante el invierno para evitar que siguiera viviendo en la calle, después de que lo ingresaran en el hospital con hipotermia. Aunque su hermano era un tipo irascible, adicto, con el que era imposible tratar, no quería que muriera congelado.

Otra situación muy difícil en la que podemos encontrarnos es que alguien nos llame y nos diga que se va a suicidar. ¿Se trata de una distorsión, un ataque de pánico o lo dice de verdad? Cuando lo que está en juego es tan importante, debes actuar para salvar la vida de esa persona llamando a la policía o a un servicio de urgencias para que intervenga. Esa persona sabrá a partir de entonces que, si vuelve a llamarte en una situación así, la protegerás recurriendo a la policía para que esté a salvo. Las amenazas de suicidio son la forma de dominación emocional más escalofriante. No puedes permitir que alguien te adjudique el papel de salvadora y te haga sentir que eres la única persona que con tu solo esfuerzo puede salvarle la vida. Las amenazas de suicidio deben tratarse como una auténtica amenaza delictiva que podría hacer que alguien saliera de verdad herido. Si en cualquier otra circunstancia alguien te llamara amenazándote, no te enfrentarías a él tu sola, llamarías a las fuerzas del orden especializadas.

Podría haber una tercera persona inocente que tener en cuenta

Hay veces en que *eliges* acceder a las exigencias de un individuo EI a causa de una tercera persona inocente. Tras analizar la situación con detenimiento, descubres que en realidad tú quieres lo mismo que él, aunque quizá por distintos motivos. Por ejemplo, Layla, la hija adulta de Stan, le había pedido dinero en numerosas ocasiones y lo había gastado de forma irresponsable. Sin embargo, Stan accedió a ayudarla a comprar un coche más moderno, que tuviera *airbags*, pensando en la seguridad de su nieto de diez años.

Por qué nos volvemos vulnerables a la apropiación emocional

Puede ser difícil mantener unos límites firmes si una persona EI nos provoca ciertas emociones con las que consigue que nos sintamos obligados a hacer lo que quiere. Podrías ceder a su *ofensiva* emocional porque:

- Te sientes culpable por decir que no.
- Tienes miedo de su ira.
- Temes que te juzgue y te castigue.

Veamos cada uno de estos miedos y qué hacer para preservar tu autonomía emocional cuando una persona emocionalmente inmadura utiliza sus tácticas para presionarte.

1. Te sientes culpable por decir que no

Si pensar en ti y defender tus intereses te parece egoísta, es probable que una persona emocionalmente inmadura te haya «secuestrado» la autoestima. A os individuos EI no puedes decirles que no y esperar que sigan pensando que los quieres y que te importan. Solamente en el mundo distorsionado en el que viven podría interpretarse que reflexionar antes de actuar o poner ciertos límites personales sean señal de mezquindad o indiferencia, pero su reacción dolida puede ser muy eficaz, porque nadie quiere sentirse un villano y a ninguna persona sensible y generosa le gusta que piensen que es una desapegada.

No obstante, puedes corregir sus distorsiones diciéndoles algo que no les suene amenazador, como: «Claro que me importas. ¿Crees que tener un punto de vista diferente del tuyo significa que no te quiero?». O podrías decir: «Lo vemos de forma diferente porque tanto tú como yo tenemos la responsabilidad de ocuparnos de nuestra vida lo mejor posible».

2. Tienes miedo de su ira

Otra razón por la que podrías permitirle a una persona EI tomar el control de tus emociones es el miedo a su ira. Su reactividad emocional nos pone nerviosos; acabamos moviéndonos de puntillas a su alrededor como si hubiera un bebé durmiendo o vacilamos a la hora de decirle que no, temiendo que, como si fuera una niña pequeña tenga un berrinche. Los individuos EI más controladores o narcisistas se pueden enfurecer si no accedes a sus deseos. Aunque no recurran a la violencia física (o tal vez sí), sientes la ira que irradian como el calor de una boca de horno. Tienes la impresión de que de un momento a otro van a explotar.

Con las personas EI particularmente volátiles, es conveniente establecer límites en un contexto seguro; en una conversación telefónica, por ejemplo, y no cara a cara, o en un sitio donde haya gente cerca que llegado el caso pueda protegerte o intervenir en tu ayuda. Cuando hables con ellas, establece tus límites sin hacer críticas, juicios ni reproches. Puedes probar a decir algo como: «Te entiendo, y me gustaría poder darte lo que quieres, pero esta vez no voy a poder» o «Ya, no te culpo porque te enfades. Es solo que en este momento no tengo tiempo ni para ocuparme de mis cosas».

Por supuesto, si llega a haber la menor señal de violencia física, debes consultar a algún experto para saber cómo lidiar con la situación de la mejor manera posible.

3. Temes que te juzgue y te castigue

Cuando una persona EI te condena sin decir nada, a veces no es fácil saber exactamente qué has hecho como para ofenderla tanto. Se comporta contigo como si hubieras cometido una atrocidad, y tú no entiendes qué es lo que le parece tan espantoso. Recuerda que a nivel emocional estas personas piensan en términos absolutos, lo que significa que si no estás completamente de su parte, pueden considerarte el enemigo.

Muchos hijos e hijas adultos de padres EI sufren un miedo intenso e irracional a que los juzguen y los castiguen. Ese miedo a los juicios punitivos puede provenir de sus padres, sus hermanos mayores, sus profesores o cualquier otra figura de autoridad emocionalmente inmadura. Cada vez que ese miedo de la infancia vuelve a aflorar, es un sentimiento aterrador, como si no hubiera esperanza y el derrumbe fuera inminente. Cada vez que algo desencadena ese miedo al castigo, empiezan a pensar cosas como: «Estoy acabada. Las cosas no van a mejorar nunca. Este es el fin».

Por ejemplo, mi cliente Betsy se despertaba a veces en mitad de la noche con el corazón acelerado, sintiendo que algo terrible estaba a punto de sucederle. Vivía con la sensación aterradora de que alguien con autoridad, tal vez un jefe, la vigilaba a todas horas como un halcón esperando a que fracasara. De pequeña, sus padres habían sido unos moralistas tan escrupulosamente críticos y punitivos que nunca se había sentido a salvo en casa. Solían castigarla por cosas que ella ni siquiera sabía que estaba mal hacer. Betsy recordaba que de niña solo se sentía de verdad tranquila cuando oía que su madre estaba pasando la aspiradora o hablando por teléfono, porque sabía que en esos momentos no iba a castigarla.

Lo bueno es que, para que te afecte lo que alguien piensa de ti, tienes que estar de acuerdo con ello. Por mucho que alguien te juzgue, solo tú determinas si te sientes culpable o no. Puedes dejar sin efecto cualquiera de los juicios distorsionados que haga una persona EI en cuanto te sientes libre de no estar de acuerdo con sus opiniones. Puedes negarte a aceptar sus críticas y distinguir entre lo que dicen de ti y lo que tú sabes que es cierto sobre ti. Recuerda que el hecho de que una persona EI considere que algo es cierto no significa ni mucho menos que lo sea. Te corresponde a ti definir quién eres, no a ella. Rechaza su juicio si no te parece justo.

La apropiación emocional a la que alguna vez todos cedemos puede llegar a causarnos un malestar tan grande que nos desconectamos emocionalmente de nosotros mismos para no sentir el dolor o el miedo. Por desgracia, esa desconexión con la que intentamos protegernos sirve solo para que las distorsiones negativas de la persona EI se apropien con más facilidad de nuestra mente y nuestro corazón.

La reacción de disociarte: por qué no se te ocurre nada que decir

Cambiemos un momento de tema y veamos cómo la pérdida de conexión con tus sentimientos facilita que las personas EI tomen el control emocional. La *disociación* consiste en separarte psicológicamente de ti. Puede paralizarte o hacer que te encojas por dentro, o incluso que sientas como si tu cuerpo no fuera tuyo.

La mayoría de la gente ha oído hablar de la disociación solo en las dramatizaciones de casos sonados de «personalidad múltiple». Pero la disociación es una reacción natural de defensa que se traduce en distanciarnos de la experiencia consciente de nosotros mismos. Es una forma de evasión emocional primitiva y un mecanismo de defensa psicológica muy común contra un peligro o amenaza, especialmente en los niños que no se sienten a salvo en su entorno. Actúa como una válvula de cierre automático; no arregla lo que está mal, pero impide que tenga sobre ellos un efecto emocional devastador.

Disociarte o desconectarte de ti te deja en un estado de pasividad que a la persona EI le permite apoderarse emocionalmente de ti. Por desgracia, la desconexión es a menudo tan automática que ni te das cuenta de cuándo se produce.

El estado de desconexión y sus raíces

Entrar en un estado de disociación es uno de los recursos que utilizamos por instinto ante un peligro inminente. Está asociado a la respuesta animal de *hacerse el muerto* o quedarse automáticamente paralizado al advertir que un depredador está demasiado cerca para poder escapar. Puede que hayas experimentado la disociación como un repentino aturdimiento, una especie de estado de trance acompañado de la sensación de quedarte en blanco, incapacitada: no puedes pensar qué decir o qué hacer. Todos conocemos este estado de desconexión en el que somos como el ciervo paralizado ante los faros de un coche.

En circunstancias extremas, la desconexión disociativa puede hacerle a alguien sentir como si se hubiera salido de su cuerpo, como si estuviera físicamente a su lado o flotando sobre sí mismo, viendo desde fuera lo que le está pasando. Es una respuesta habitual en momentos de *shock* emocional intenso, y muestra la facilidad con que podemos desconectarnos de nosotros mismos hasta el punto de seguir siendo conscientes pero no poder actuar.

La disociación nos salva del dolor, el daño y la pérdida devastadores. A veces es una bendición separarse de uno mismo y no sentir nada. Por ejemplo, hay casos en que, gracias a esa desconexión, una persona herida puede seguir luchando por sobrevivir sin que el dolor la distraiga, y hay quienes son capaces de hacer frente a tragedias indescriptibles entrando en un estado de desconexión que los insensibiliza al dolor. Quienes consumen sustancias estupefacientes y embriagadoras se inducen, de un modo artificial, estados de disociación que les permiten distanciarse del estado de conciencia ordinaria para evadirse de sus sentimientos.

Este mismo mecanismo disociativo puede hacer que te quedes en blanco y dejes que una persona EI te controle emocionalmente. Cuando no se te ocurre qué responder a un comentario hiriente o a una petición desconsiderada, es posible que a pequeña escala se esté produciendo una disociación. Estás en un pequeño estado de *shock* y no puedes pensar.

Solemos aprender a disociarnos a edad temprana si convivimos con unos padres emocionalmente inmaduros y reactivos. Tal vez necesitaste desconectarte de tus sentimientos para poder vivir con unos padres que se enfadaban por el menor motivo o que te abandonaron a nivel emocional. En cuanto el niño y la niña descubren que desconectarse de sí mismos les quita el dolor, es posible que recurran a la disociación en circunstancias cada vez menos graves. Con el tiempo, puede que acaben viviendo ajenos a su experiencia interior sea cual sea; no es que se desconecten solo del miedo o del dolor, sino que todas las emociones se van atenuando hasta el punto de que la vida en sí parece un poco irreal.

Por qué es tan importante que no te desconectes de ti

En cuanto te desconectas de ti, ya no eres capaz de tomar decisiones en una situación. Por tanto, es crucial que aprendas a reconocer la disociación e impidas que se produzca. Los pasos para impedir la disociación son:

1. Estate en contacto contigo pase lo que pase.
2. Sal de la disociación en cuando notes que empiezas a desconectarte.
3. Sigue pensando en formas de afrontar activamente la situación.

En situaciones en las que es difícil escapar de los individuos EI, por ejemplo en las reuniones familiares, quizá te parezca tentador interrumpir la conexión consciente contigo misma, dejarte simplemente flotar y seguirles la corriente hasta que llegue el momento de decir adiós. Pero desconectarte de ti afirma que no tienes ningún poder personal cuando estás con ellos, lo cual no es cierto. Además, hace que tiendas a sentirte impotente e ineficaz en las demás circunstancias de tu vida.

— El caso de Brendan —

A Brendan le daba pavor la visita que su madre le hacía cada año desde que se había quedado viuda. Me contó que había aprendido a «cerrarse» en cuanto ella llegaba. De pequeño, le parecía que esa solución pasiva era la única forma de proteger su individualidad del afán controlador, las críticas y las intrusiones de su madre.

Era preferible desconectarse de su verdadero yo que dejar que ella lo hiciera trizas con sus reprobaciones. De niño, expresar lo que sentía le había servido solo para que su madre se burlara de él, lo rechazara o lo echara de casa.

Sin embargo, el retraimiento y el desapego de Brendan tenían un precio: durante el tiempo que duraba la visita de su madre, era como si se encontrara en un estado de animación suspendida, que iba seguido de un antojo feroz de comida basura y alcohol en cuanto ella se marchaba. La autodestructiva solución de Brendan consistía en «vaciarse», a fin de no ser para ella un blanco emocional demasiado fácil, y «rellenarse» luego a base de atracones después de cada visita. Comer y beber eran experiencias sobre las que tenía control y que, a diferencia de su madre, invariablemente le daban algo a cambio.

El primer paso de Brendan para cambiar las cosas en la interacción con su madre fue dejar de disociarse de sí mismo y de permitirle ser el centro de atención. Insistí en que se mantuviera conectado con sus verdaderos pensamientos y sentimientos y afrontara el comportamiento egocéntrico de su madre de una manera activa en lugar de pasiva. Brendan empezó a interrumpir sus monólogos, en lugar de escucharla hasta quedarse como anestesiado. Cuando se notaba a punto de empezar a evadirse, cambiaba bruscamente de tema, se levantaba, salía de la habitación o cortaba la conversación de cualquier otra manera. Brendan estaba aprendiendo a desconectar intencionadamente de su madre cada vez que era necesario, y no de sí mismo.

En cuanto dejó de disociar, Brendan empezó a defender lo que le importaba. Si ella le hacía alguna sugerencia relacionada con el trabajo, él le decía que no quería que le diera consejos, que por favor lo escuchara simplemente con un poco de interés. Cuando ella planeó quedarse una semana, él lo redujo a dos días. Comenzó a responder de forma distinta a las críticas de su madre; en vez de desconectarse para que sus palabras no le hicieran daño, contestaba de inmediato: «Espera un momento... Espera un momento... Déjame pensar en lo que has dicho». De este modo, interrumpía además el hábito de disociarse y se concedía unos instantes para darse cuenta de cómo le hacía sentirse lo que acababa de oír, y se lo contaba a ella. Es posible que con todo esto frenara también la tendencia disociativa de su madre, ya que muchas veces la verborrea desatada de las personas emocionalmente inmaduras es una forma de mantenerse ajenas a sentimientos profundos de los que no quieren darse cuenta.

Como hizo Brendan, tú también puedes tomar la decisión de permanecer consciente y conectada contigo misma durante las interacciones con tus padres u otras personas EI. Vale la pena que lo practiques, porque una vez que dejes de disociarte y te mantengas conectada contigo, ya no serás una presa fácil de sus intentos de apropiación emocional. En el capítulo siete aprenderás más métodos para recuperar la conexión con tu yo interior.

Aspectos destacados que recordar

En este capítulo hemos visto cómo detectar las tácticas que las personas EI emplean para dominarnos emocionalmente y cómo sortearlas. Has leído sobre sus campos de distorsión y sobre el carácter urgente que dan a sus problemas para sentirse con derecho a exigirte ayuda. Ahora puedes hacer valer tu derecho a tomarte el tiempo necesario para estudiar cualquier situación cuando te sientas presionada a hacer por ellas más de lo que quieres. Ahora puedes reconocer las exageraciones de las personas emocionalmente inmaduras y rechazar con decisión cualquier petición suya que te incomode. Es de esperar que además te hayas dado cuenta de que su presión intimidadora, su ira y sus críticas pueden hacer que te desconectes de tu experiencia interior y acabes por disociarte de ti. Has entendido lo importante que es tomar las riendas, adoptar una postura firme y protegerte con determinación en cualquier situación que amenace con separarte de ti.

Capítulo 5

Formas de lidiar con la interacción y sortear las coacciones

Acciones que te dan el poder para no sucumbir

Interactuar con unos padres emocionalmente inmaduros puede hacer que te sientas torpe, controlado e impotente. Si creciste con unos padres EI, lo más probable es que en su día no supieras cómo protegerte de sus coacciones e intentos de explotación emocionales. Pero ahora, como persona adulta que eres, vas a poder responder de una forma nueva. En este capítulo aprenderás a establecer límites y a eludir las tácticas de dominación que emplean los padres EI.

Es importante, sin embargo, que adaptes a *tus* circunstancias y a *tu* manera de ser las habilidades que vas a conocer a continuación para que puedas ponerlas en práctica sin dejar de ser tú. Hay técnicas de reafirmación personal tan radicales que, para utilizarlas, quizá te parezca que necesitarías tener una personalidad totalmente nueva. Las técnicas de reafirmación demasiado bruscas tal vez te dejen un malestar tan grande que, aunque seas capaz de utilizarlas, preferirías no recurrir a ellas salvo en casos extremos. Por ejemplo, habrá negativas rotundas, un único y enérgico «¡no!», que a algunos les parecerá una opción válida, pero quizá no sea tu estilo. Puede que te sientas más cómodo pidiendo disculpas, haciendo objeciones razonadas y discrepando educadamente. Los siguientes comportamientos surtirán efecto incluso aunque seas de naturaleza indecisa, gentil o complaciente. En definitiva, lo único que importa es que consigas el resultado que deseas en la interacción con la persona EI.

Algunas indicaciones para que tu respuesta sea más eficaz

En primer lugar, vamos a recordar algunos detalles básicos que contribuirán a que tus acciones surtan el efecto que deseas.

Puedes tomarte tu tiempo

Es posible que hayas notado el ambiente de apremio que crean las personas EI; parece que tuvieras la intención de exasperarlas si te paras a pensar un instante. Se pasan la vida metiéndoles prisa a sus hijos y, con su impaciencia, hacen que todo el mundo esté siempre en tensión. Viven tan preocupadas por sí mismas y tienen tan poca empatía que son incapaces de entender por qué no se les da al momento lo que quieren.

Es fácil sucumbir a su apremio. La mayoría nos quedamos aturdidos si alguien nos mete prisa, y eso le abre de par en par la puerta a la persona EI para ponerse al mando de nuestras emociones. Antes de que te des cuenta, *tú mismo* te estarás presionando a hacer por ella rápidamente todo lo que te pida. Y una vez que empiezas a apresurarte, le resulta muy fácil hacerse con el control de tu estado emocional.

Tomarte tu tiempo impide que se produzcan estas apropiaciones emocionales porque te mantiene en contacto contigo. Una de las maneras más efectivas de protegerte es decirle a esa persona: «Necesito un poco de tiempo para pensarlo». Los individuos emocionalmente inmaduros odian esa frase porque, desde su perspectiva, no hay necesidad de perder tiempo pensando. No entienden por qué no les dejas acelerar las cosas y *decirte* ellos lo que tienes que pensar.

No te comprometas apresuradamente a nada. Necesitas tiempo para considerar qué estás dispuesto a hacer y qué no. Si te precipitas, empezarás a actuar sin ser muy consciente de lo que estás haciendo, y ten por seguro que entonces acabarás sirviendo a sus necesidades en detrimento de las tuyas.

Averigua el resultado exacto que quieres conseguir

Decide cómo quieres que resulte *cada* interacción con una persona EI. Enfoca todo lo que hagas y digas en obtener ese resultado sin que te preocupe lo que quiera ella. Si no tienes claro el resultado que buscas en vuestra interacción, esa persona inevitablemente tomará el control, porque ella sí sabe con toda certeza lo que quiere y hará cuanto esté en su mano para conseguirlo.

Determinar el resultado que quieres conseguir significa darle a cada interacción la estructura y dirección que tanto necesita. La estructura te sirve para tener presentes tus objetivos y que la insistencia de esa persona no te haga perder de vista lo que a ti te importa.

Para identificar el resultado que quieres conseguir de la interacción, hazte las siguientes preguntas:

- Si obtengo de esta interacción lo que quiero, ¿en qué va a concretarse? (Quizá pongas un límite de hasta dónde estás dispuesto a comprometerte y solo aceptes lo que realmente quieres hacer).
- ¿El resultado que me planteo conseguir está bajo mi control o depende de esa persona? (Intenta ponerte un objetivo que *tú* puedas hacer realidad).
- ¿Estoy obsesionado con que necesito que se comporte de otra manera? (Si lo que quieres de la interacción es que esa persona cambie, ¿qué te parece elegir un objetivo diferente, algo que esté en tu mano?).
- ¿Lo que busco en esta interacción es mi crecimiento interior, actuar de forma distinta o ambas cosas? (Podrías favorecer tu crecimiento interior siendo consciente de tus sentimientos o probar nuevas maneras de responder cuando no estés de acuerdo con algo).

Repasar esta lista con antelación te ayudará a centrarte, lo cual impedirá que salgas de la interacción habiendo aceptado hacer algo que no querías. Para evitarte futuros arrepentimientos, da prioridad absoluta desde el primer momento al resultado que quieres conseguir.

No te tomes tan en serio el comportamiento inmaduro: solo sé persistente

A las personas EI les gusta decirte lo que deberías hacer incluso aunque esté claro que la decisión es enteramente tuya. Para que no te afecte su presión inoportuna, te sugiero lo siguiente: si quieres, hazles saber que has oído sus objeciones («Ajá», «Oigo lo que dices», «Mmmm»), pero no te las tomes en serio. Escúchalas vagamente durante un minuto y con una sonrisa y en tono tranquilo repite luego lo que tú quieres o tienes pensado hacer (Smith 1975). Si vuelven a objetar algo, no le des importancia y repite una vez más lo que habías dicho. No es una táctica de efecto radical, pero lo mismo que el agua del río va puliendo la roca, hace su trabajo.

No discutes, porque tu postura no está abierta a debate. Ya has tomado tu decisión. Discutir implica iniciar una contienda legítima de voluntades, y espero que no sea ese tu objetivo. Con solo repetir tu decisión sin inmutarte, le recuerdas a la persona EI que hay en ese momento dos puntos de vista diferentes sobre el asunto, algo que es natural, teniendo en cuenta que —por si se le había olvidado— sois dos personas *distintas*.

— El caso de Vicki —

Vicki no pensaba cenar ese año en casa de sus padres el Día de Acción de Gracias porque esa vez su marido y ella querían pasar la noche con la familia de él. Cuando al acercarse la fecha su madre mencionó la cena, Vicki comentó que probablemente les iba a ser difícil asistir ese año, y que le diría algo seguro en cuanto lo supiera.

Vicki ya sabía lo que iban a hacer, pero le estaba dando a su madre un poco de tiempo para que fuera haciéndose a la idea, en lugar de contárselo de repente. Cuando finalmente le dijo que no irían, su madre, como era de esperar, hizo patente lo ofendida y rechazada que se sentía. A Vicki empezó a encogérsele todo por dentro, pero enseguida se recordó a sí misma que no debía tomarse tan en serio la reacción de su madre; era capaz de ver en funcionamiento el campo de distorsión que la hacía reaccionar así («Es intolerable; mis sentimientos deberían importarte más que ninguna otra cosa»). Y se recordó a sí misma también que no debía sentirse culpable porque su madre no tuviera lo que quería.

Vicki consiguió esquivar una tras otra las balas emocionales de su madre con una sonrisa, quitándoles importancia. Se limitó a repetir cuáles eran sus planes: «Tienes razón, mamá; claro que será diferente. Sé que te gustaría que pasáramos el día con vosotros, pero este año no va a poder ser». Esta técnica de repetición es una forma sencilla y sincera de mantener tu postura.

Lo único que tuvo que hacer Vicki fue expresar con amabilidad su decisión tantas veces como fue necesario hasta que su madre empezó a sacar el tema cada vez con menos frecuencia. Fíjate en que no he dicho «hasta que su madre dejó de sacar el tema». No se puede esperar que alguien emocionalmente inmaduro deje de insistir en lo que quiere, pero sí se puede hacer que le resulte cada vez menos gratificante insistir en ello.

— El caso de Jamal —

Jamal decidió dejar su primer trabajo al cabo de solo un año y cambiar a una empresa emergente que le atraía mucho más. Cuando su padre se enteró, se puso furioso. En su habitual tono autoritario, le advirtió a Jamal que estaba haciendo una idiotez y que además quedaría muy mal en su currículum. Jamal contestó: «Puede que tengas razón, papá, pero es una oportunidad que no quiero dejar pasar». Cada vez que su padre trataba de discutir sobre el tema, Jamal se limitaba a repetir: «Puede que tengas razón, papá, pero creo que saldrá bien».

Tanto la madre de Vicki como el padre de Jamal querían hacer valer su «derecho» a juzgar las decisiones de su hija y su hijo adultos. Afortunadamente, ni Vicki ni Jamal se tomaron en serio sus reacciones indignadas; aceptaron que sus padres tenían derecho a sentirse como se sentían, pero no aceptaron sus exigencias. Te habrás dado cuenta de ambos se mantuvieron firmes en sus objetivos a pesar del descontento de sus padres.

Vicki y Jamal tuvieron el buen juicio de no contradecir los sentimientos de sus padres, porque la cuestión no era lo que estos opinaran; la única cuestión era el derecho que ellos tenían como adultos a tomar sus propias decisiones. Habiendo decidido de antemano cuál sería su postura, no hubo lugar para que sus padres los coaccionaran valiéndose de la culpa, la vergüenza o el miedo. Vicki no estaba obligada a resolver los sentimientos heridos de su madre ni Jamal tenía por qué convencer a su padre.

Cinco sugerencias que te harán más fácil tratar con unos padres EI

Para que tratar con un padre o una madre emocionalmente inmaduros sea lo más grato posible, hay varias cosas que pueden hacerte inmune a sus distorsiones e intentos de apropiación emocionales:

1. Salte de tu papel de salvador.
2. Sé escurridizo y esquiva sus avances.
3. Dirige tú la interacción.
4. Protege tu espacio.
5. Párales los pies.

1. Salte de tu papel de salvador

Muchos hijos e hijas adultos de padres EI sienten el deber de rescatar o proteger a sus padres. Pertenecen al grupo de los *interiorizadores* que describía en mi libro anterior (Gibson 2015). Los interiorizadores son perceptivos, sensibles y a menudo dejan que la empatía hacia los demás prevalezca sobre sus propias preferencias. Se lo toman todo a pecho y asumen la responsabilidad hasta de aquello que no lo es en absoluto. Un interiorizador interviene de inmediato para resolver cualquier problema de la persona emocionalmente inmadura incluso antes de que ella se lo pida. Este exceso de responsabilidad es una forma de *codependencia* (Beattie 1987): para sentirnos queridos y valorados, asumimos los problemas de los demás como si fueran nuestros, a menudo sin que nadie nos lo haya pedido. Acaban consumiéndonos más sus vidas que la nuestra.

2. Sé escurridizo y esquiva sus avances

Ser escurridizo es el arte de esquivar los avances de la persona EI para presionarte a que hagas lo que ella quiere. Es más efectivo esquivarlos que oponerte a ellos con rotundidad cuando persiste en su empeño coercitivo.

Cuando las personas EI quieren hacerse con el control, te apremian, te regañan o discuten cada cosa que dices en espera de una reacción tuya que les dé algo contra lo que hacer presión. El mensaje subliminal es: «Sométete a la verdad irrefutable de mis opiniones y adopta el papel que me permita ganar». Sin embargo, en lugar de dejarte arrastrar a un forcejeo, puedes pararte un momento para conectar contigo y con tu fuerza interior y contestar simplemente: «No sé qué decir» o «No puedo responderte a eso ahora».

Si la persona EI trata de provocar una discusión, párate, respira con calma y esquiva luego sus avances con una frase como: «Creo que no tengo nada que decir sobre eso en este momento». Otra respuesta escurridiza a cualquier afirmación suya que suene falsa o descabellada es emitir sonidos neutros, como «ajá», «mmmm» o simplemente «ah». La respuesta escurridiza es eficaz porque evita que se cree fricción y tus respuestas lacónicas te convierten en un oponente menos deseable.

Se trata básicamente de sortear las trampas en lugar de convertirte en la presa. Como estas personas no son lo bastante maduras para *luchar* limpio, los enfrentamientos con ellas están siempre llenos de artimañas y pistas falsas. Te irán dejando sin energía y te distraerán del resultado que buscas. Si aceptas una batalla de voluntades, es posible que ganen ellas, porque sus argumentos egocéntricos te agotarán el cerebro, de solo intentar encontrarle sentido a cada una de sus respuestas ilógicas.

Prueba a estar de acuerdo con sus sentimientos. Un método magistral para esquivar los avances de la persona EI consiste en *estar de acuerdo con sus sentimientos*. Debe ser un asentimiento sincero, sin intención manipuladora, o no será eficaz. Si es un asentimiento cínico o sarcástico, aumentará tu reactividad emocional hacia ella en vez de reducirla.

Primero, sepárate emocionalmente de esa persona y acepta que está en su derecho de sentir lo que sea, igual que lo estás tú. No tienes por qué juzgar sus sentimientos ni tienes por qué hacer lo que ella espera de ti. Comprende que se enfade cuando las cosas no salen como quería, pero no cambies de opinión sobre lo que tú quieres, solo porque ella esté descontenta.

Puede resultarte difícil hacer esto cuando tus padres u otras personas emocionalmente inmaduras empiezan con sus críticas o acusaciones. Pero crisparte y ponerte a la defensiva sacando pecho será como desafiarlos a que te ataquen. En lugar de eso, haz como en las artes marciales, donde lo más importante es saber cuándo apartarse y dejar que la energía del oponente lo impulse hacia delante y le haga perder el equilibrio. En sentido figurado, te haces a un lado y observas cómo sus emociones te pasan de largo («Supongo que estás muy enfadada conmigo, mamá», o «Sé que crees que estoy cometiendo un error, papá»).

Una sonrisa amable y un asentimiento comprensivo te permiten deslizarte con agilidad a la vez que te mantienes centrado y atento. En un momento particularmente delicado o tenso, podrías contestar algo como: «Quizá estés en lo cierto, mamá. Puede que tengas razón. Lo que pasa es que necesito demostrarme que puedo salir solo de un aprieto como este».

3. Dirige tú la interacción

Cuando interactúas con personas emocionalmente inmaduras, sean tus padres o quien sea, estás tratando con individuos que carecen de flexibilidad y empatía y no toleran la frustración. Intentan dominar valiéndose de unas cuantas armas defensivas, siempre las mismas, entre las que están normalmente el afán de control, las críticas y la negatividad. Pero ese exceso de reactividad que las caracteriza te da también la oportunidad de dirigir tú la interacción y llevarla hacia donde quieres.

Por ejemplo, en las conversaciones, las personas EI suelen hacer un planteamiento estereotipado de las cosas que reafirme su punto de vista e intentan ser el centro de atención disertando sin fin sobre temas que solo les interesan a ellas. ¿Te has fijado en qué pocos temas de conversación tienen? ¿Te has fijado en lo poco que te preguntan por ti? No les interesa descubrir ni saber nada sobre los demás. Para que hablar con ellas sea menos aburrido, ¿por qué no pruebas a tomar tú la palabra y sacar nuevos temas?

Puedes encauzar la conversación para que tenga un carácter más profundo. Si creciste con un padre o una madre EI, puede que no aprendieras a intervenir en una conversación y llevarla hacia algún tema que te interesara también a ti. De pequeño, te parecía que tu papel era ser su público y limitarte a oírles hablar de lo que ellos quisieran.

Pero ahora, como adulto, puedes asumir un papel de liderazgo en las conversaciones. Puedes cambiar de tema, redirigir una línea de razonamiento negativa, suavizar un miedo o sabotear un discurso con preguntas que alteren la dirección que ha tomado. Si estás atento a desviar sutilmente una conversación para que tome una orientación distinta, puedes hacer que la interacción te resulte más estimulante.

Podrías expresar curiosidad, haciendo preguntas como: «¿Qué experiencias has tenido que te hagan tener esta opinión?», «¿Qué crees que mejoraría si ocurriera esto?», «¿Cuáles podrían ser las desventajas?» o «Me pregunto si podría tener consecuencias inesperadas; ¿qué crees tú?».

También podrías intentar darle a la conversación un tono más reflexivo, diciendo: «No todo el mundo estaría de acuerdo con esta idea. Algunos opinarían que quizá... ¿Qué responderías tú a eso?». Seguirán siendo ellos los que más hablen, pero habrás conseguido que la conversación sea más compleja e interesante, en lugar de quedarte callado y asentir sin más a su discurso. Tomar la iniciativa en una interacción en la que alguien pretende controlarte obligándote a adoptar un papel pasivo es de por sí afianzador para ti.

Puedes introducir nuevos temas de conversación. Como el pensamiento de las personas emocionalmente inmaduras se basa en estereotipos, acaban dándole vueltas y vueltas a un mismo argumento, tan atascadas que no podrían salir de él ni aunque quisieran. Debido a que sus cosas son lo único que les interesa, no tienen demasiados temas de conversación, así que quizá secretamente agradezcan que alguien las saque del túnel ciego de sus propias preocupaciones.

Les puedes preguntar por sus programas de televisión y sus películas preferidos y qué les gusta de ellos. Pídeles que te cuenten cuál es el mejor sitio que han encontrado para comprar el artículo que se te ocurra, cuál es su comida favorita y prácticamente cualquier otra cosa que sea de su interés. No te estás traicionando; estás dirigiendo la conversación. Estás manteniéndote intencionadamente activo, en lugar de caer en la pasividad y disociarte.

Una vez que hayan hablado durante un rato, puedes cambiar el foco de atención comentando: «¿Sabes lo que se me ocurre sobre eso?», y expresar *brevemente* lo que piensas, y a continuación preguntar: «¿Qué te parece?». Si estás pensando que estas son las pautas más elementales para poder conversar con nadie, te diré que son exactamente eso. Pero no son algo que a una persona emocionalmente inmadura se le dé bien poner en práctica ella sola.

A veces no es fácil encontrar al instante un tema con el que poder dar un giro a la conversación, así que ten preparados unos cuantos de antemano. Una posibilidad sería usar algún juego de mesa, como «Table Topics: preguntas para iniciar excelentes conversaciones», y elegir varias tarjetas de temas que pudieran ser amenos y tenerlas en el bolsillo durante la visita. Te ayudarán a interrumpir la adormecedora retahíla de tópicos de las personas EI en cuanto empieces a sentirte aturdido. Si esas personas son tus padres, también podría ser interesante hacerles preguntas sobre la historia de la familia, sobre su infancia o la tuya, o sobre parientes de los que sepas muy poco; es posible que luego incluso te alegres de haber preguntado.

Si la persona EI lleva rato hablando de algo que empieza a resultarte soporífero, puedes interrumpirla y decir: «Perdona que te interrumpa, sé que esto se sale un poco del tema, pero siempre he querido preguntarte...». Y ten preparadas un par de preguntas personales sobre ella o sobre alguna experiencia suya que de verdad te interese. Si hay alguien más aparte de vosotros dos, dirigirle una pregunta a esa tercera persona invitándola a participar en la conversación es otra manera de darte a ti mismo un respiro y atajar el empeño monopolizador del individuo EI.

De esta forma, conviertes deliberadamente la conversación en un intercambio de ideas e impresiones más ameno y participativo. Es posible que ni aun así se tengan en cuenta tus opiniones, pero siempre es mucho más probable que te escuchen si tienes *preguntas*. Insisto en que el objetivo no es cambiar a las personas EI, sino disfrutar más, *dirigir* las interacciones para que a ti te resulten más interesantes y entretenidas.

Dirigir una interacción no significa tener dominio sobre los demás, sino orientarlos hacia una vía de comunicación más productiva. Lo mismo que no permitiríamos que nuestros hijos monopolizaran todas las conversaciones o decidieran siempre sobre qué temas hablar, no es bueno concederles a las personas EI esa clase de poder social excluyente e injustificado.

4. Protege tu espacio: desentiéndete de la conversación, pon límites o márchate

Antes de pasar el tiempo que sea con un padre, madre u otro individuo emocionalmente inmaduro, debes pensar en cómo vas a darte el espacio que necesitas. Es muy importante que lo hagas, para no acabar desconectándote de ti mismo o teniendo que ser, a disgusto, mero espectador de su espectáculo unipersonal.

Cómo desentenderte y mantener la distancia

A veces lo último que te gustaría es darle pie a una persona EI para que inicie una conversación. Prefieres mantener la distancia emocional porque sabes que a esa persona le encanta dominarte, criticarte, avergonzarte o burlarse de ti.

Utiliza la fantasía. Una amiga mía descubrió que, cuando iba a ver a su madre, las cosas eran siempre más llevaderas si durante un momento se imaginaba rodeada de una campana de cristal impenetrable antes de entrar por la puerta. Si su madre hacía algún comentario negativo, mi amiga se imaginaba que sus palabras chocaban contra el cristal y rebotaban, inofensivas.

También le divertía jugar a ir traduciendo las críticas que hacía su madre en lo que a ella le hubiera *gustado* oír en su lugar, una idea que había sacado de un vídeo muy gracioso (Degeneres 2017). Por ejemplo, cuando el saludo de su madre nada más verla era algún comentario de desaprobación sobre su aspecto («¿Por qué te has cortado el pelo?»), mi amiga fingía que había dicho algo maravilloso, como: «¡Me alegro tanto de que estés aquí! ¡Qué alegría verte!». El contraste la hacía reírse por dentro, y entonces todo resultaba más fácil.

Utiliza los cumplidos. Los cumplidos fueron otra manera de crear una distancia amable entre mi amiga y su madre. Aunque de entrada no parezca que hacerle a alguien un cumplido sea una forma de distanciamiento, lo puede ser. Los cumplidos te ponen al mando de la interacción y te permiten dirigir maravillosamente los estados de ánimo de la persona EI. Puedes elogiar cualquier cosa de la que se sienta orgullosa. Lo mejor de esto es que así consigues que se alimente emocionalmente del cumplido, en vez de alimentarse de ti.

Actúa rápido. Cuando sientas que necesitas un poco de espacio para respirar, es importante que actúes con rapidez. Si no interrumpes la interacción en el instante en que empiezas a sentirte fatigado o ansioso, la verborrea de la persona EI puede aturdirte hasta el punto de que no seas capaz de desenredarte de ella en mucho tiempo.

Si estás de visita en su casa cuando empiezas a sentirte atrapado en su discurso o sin energía para seguir escuchándola, interrumpe la interacción de inmediato y di algo como: «¡Ah!, discúlpame un momento, por favor, necesito ir al baño», o si estás pasando unos días en su casa, puedes decirle: «¿Sabes?, creo que debería echarme una siestecita antes de que se haga más tarde» u «Oye, perdona, pero me estoy quedando adormilado; necesito que me dé un poco el aire. Vuelvo en un ratito».

Te habrás dado cuenta de que en estos ejemplos la interrupción va introducida por un «¡ah!», «¿sabes?» u «oye». Estas pequeñas exclamaciones son el extremo fino de la cuña que introduces en su monólogo dominador.

Más adelante, una vez que tengas cierta destreza en redirigir conversaciones, quizá ya no necesites escaparte con esta clase de excusas. Pero al principio, cuando todavía estás ensayando cómo darte el espacio que necesitas, son una buena forma de ponerte de nuevo al volante. Una vez que hayas conseguido crear esa distancia, mantenla hasta que vuelvas a sentir que tienes control de la interacción y no te sientas ya atrapado.

Asegúrate de tener un lugar al que retirarte

Por lo general, no es muy recomendable que te quedes en casa de personas EI si lo puedes evitar. Estando con ellas, tienes la sensación extraña y contradictoria de que por una parte no te hacen caso, pero por otra te dejan sin energía. La razón por la que estar con ellas suele ser agotador es porque se dirigen a ti como si fueras su público, no una persona.

Sabiendo que pueden dejarte literalmente extenuado, es muy importante que si vas a pasar cierto tiempo en su casa, aunque sea poco, cuentes con un sitio al que poder retirarte y planees de antemano tomarte descansos para recuperar las fuerzas. Si se trata de tu familia, quedarte en un hotel o un hostal puede ser una manera estupenda de pasar tiempo con tus padres sin que sientan que estás a su servicio las veinticuatro horas del día. Decirles que tienes que terminar unas cosas del trabajo también funciona.

Es fundamental que dispongas de un sitio al que retirarte porque eso te permite decidir cuánto tiempo pasar con ellos («Papá, ha estado genial comer con vosotros, pero creo que tendría que volver al hotel a descansar un poco antes de la cena»). No tienen argumentos para oponerse a una necesidad física, y lo entienden mucho más fácilmente que si hubieras intentado explicarles cómo te hace sentirte su comportamiento.

Por ejemplo, cada vez que James asistía a una reunión familiar en la otra punta del país, se aseguraba de planificar paseos diarios por el campo, excursiones en coche a algún pueblo vecino, tardes de cine y tardes de compras con su pareja, para poder alejarse de la dinámica familiar y liberar tensiones. James y su pareja veían el lado divertido de cómo se comportaba un familiar u otro y hacían bromas sobre cualquier situación, decididos a no tomarse nada muy a pecho. Se miraban de reojo cuando alguien hacía algo particularmente desconsiderado, sabiendo que tendrían ocasión de cotillear sobre ello después. La coacción emocional no tiene dónde agarrarse si no te la tomas en serio y te das los descansos necesarios.

Había otra cliente que cuando se quedaba unos días en casa de su familia solía enviarle mensajes de texto a su mejor amiga. Cada vez que tenía ocasión, se retiraba un poco y le mandaba un mensaje en el que le contaba con el máximo sentido del humor y toda clase de emojis lo que acababa de pasar. Cuando su padre se quejaba de que siempre estaba con el maldito teléfono en la mano, ella se reía: «Ya, papá, soy una verdadera adicta».

Supongo que muchos dirían que estos son subterfugios tramposos y no contribuyen a crear una relación sincera. Pero antes de poder tratar de establecer una relación más auténtica con cualquier persona EI, tienes que ser capaz de protegerte de una manera consciente y eficaz. En el capítulo diez veremos cómo ser más auténticos en la relación con estas personas, pero conviene que primero aprendas a tomar algunas medidas de autoprotección.

Limita el tiempo de exposición a la personalidad EI

Por mucho tiempo o atención que les dediques a las personas EI, nunca les parecerá suficiente. Si por ellas fuera, estarías emocionalmente exhausto para cuando ellas sintieran la necesidad de relajarse un poco.

Averigua cuánto tiempo puedes exponerte a ellas antes de empezar a desconectarte y toma una decisión firme. Cuando haya transcurrido ese tiempo, estira los brazos, fuerza un gran bostezo y di: «Lo siento, pero estoy muy cansado. Creo que es hora de que me vaya» o «Escucha, necesito estirar las piernas». Y acto seguido, levántate. Una palmadita en la mano o un pequeño apretón de hombro ayuda a mantener el tono amistoso, si te resulta un gesto natural.

Si se quejan o se preguntan por qué estás siempre tan cansado, puedes contestar: «Ya me he dado cuenta. Igual es que tengo algún trastorno del sueño». La realidad es que estar con personas EI, que solo hablan de sí mismas y evitan de plano la conexión emocional, *es* agotador. Probablemente en ese momento sientas de verdad necesidad de echarte una siesta. Es justo: si ellas pueden hablar, tú puedes descansar.

Las personas EI no tienen noción de cuánto tiempo llevan hablando ni les importa a expensas de quién sea. Por ejemplo, Michelle temía las llamadas de su antigua compañera de piso, con la que ya no tenía mucho en común. Un día, después de haberla escuchado durante mucho rato, Michelle puso fin a la conversación. Su compañera, aparentemente sorprendida, dijo: «¡Ay, es que podría hablar contigo el día entero!». Michelle pensó: «Claro, eso es porque la única que habla eres tú». Otra cliente me contó que cuando le dijo a su madre que tenía que colgar, al cabo de una hora al teléfono con ella, su madre protestó: «¡*Nunca* tienes tiempo para hablar!».

Si sueles recibir llamadas de alguna persona EI que habla interminablemente, el buzón de voz es una buena solución para proteger tu espacio. Responder a una llamada telefónica con un mensaje de texto o un correo electrónico («Me he perdido tu llamada. ¿Cómo estás?») es también una forma controlada de mantener el contacto. Nadie tiene derecho a exigir que lo atiendas cuando le conviene. Puedes devolver tú la llamada cuando te convenga a ti, sobre todo si un rato después tienes algún compromiso ineludible.

Cada vez que tu padre, tu madre o cualquier otra persona emocionalmente inmadura utilice tu oído como vertedero de su infelicidad o sus quejas, puedes decirle: «Vaya, veo que no estás en un buen momento. Escucha, te llamo cualquier otro día cuando te encuentres mejor». Recuerda, no hace falta que tus palabras tengan sentido, solo que te saquen del aprieto. Y si esa persona empieza a hacerte reproches buscando pelea, puedes responder con neutralidad: «Ah, no lo sabía» o «Ya, oigo lo que dices. Somos diferentes, esto es todo. Ahora voy a dejarte que sigas con tus cosas».

Es buena idea fijar unos límites en cuanto descuelgas el teléfono: «Hola, hermano. Cómo me alegra saber de ti. Tengo unos diez minutos. ¿Qué pasa?». Si él trata de hacer que te sientas culpable, diciendo por ejemplo: «Siempre tienes prisa. Ya no podemos hablar nunca», la respuesta adecuada es: «En este momento tengo diez minutos. ¿Qué pasa?».

Por cierto, preguntar «¿qué pasa?» le indica a esa persona que vaya al grano, en lugar de animarla a extenderse, como ocurriría si le preguntaras «¿cómo te va la vida?» o «¿qué me cuentas?». No es ser maleducado; en realidad, es de buena educación hacerle saber a alguien desde el principio cuánto tiempo le puedes dedicar.

Puedes negarte a hablar de ciertas cosas

Lexi detestaba que su madre le hablara de otros miembros de la familia. Un día finalmente le dijo que no iba a escuchar más chismes sobre nadie. Su madre se lo tomó como una ofensa y en tono defensivo contestó: «Si no puedo hablar de esto contigo, ¿a quién se lo voy a contar?». Lexi comprendió que aquel no era problema suyo y le dijo que ella estaba encantada de que tuvieran conversaciones sobre otros temas. A partir de entonces, cada vez que su madre empezaba a quejarse de alguien de la familia, Lexi la interrumpía: «Tengo que irme, mamá», y colgaba sin dar más explicaciones. A veces, simplemente colgaba o fingía que se había cortado la conexión. Al cabo de un tiempo, su madre a veces empezaba a quejarse de alguien y al instante se paraba y decía: «Ah, vale, no quieres hablar de esto», y pasaba a otra cosa. Este es otro ejemplo de lo eficaz que puede ser la persistencia con las personas EI.

Utiliza el estilo que te resulte natural

Lexi se dio permiso para cortar a su madre en seco y colgar con *brusquedad*. Nada de largas despedidas, de correctos adioses graduales. Colgaba el teléfono y punto. En cambio Audrey era una mujer que prefería la amabilidad. Por ejemplo, cuando Audrey se quedaba sin fuerzas para seguir oyendo hablar a su madre, la interrumpía y le decía en tono amable: «Mamá, lo siento muchísimo pero me tengo que ir. Seguimos hablando en cualquier momento».

De forma brusca o amable, las dos estaban decididas a salvaguardar su energía y a no permitir que sus madres las controlaran. Tanto Lexi como Audrey lograban su objetivo, que era cortar la comunicación, solo que cada una lo hacía a su manera.

Los finales abruptos pueden parecer groseros o deliberadamente hirientes, pero no lo son. Debido a su falta de empatía, las personas emocionalmente inmaduras ignoran cualquier indirecta tuya de que va siendo hora de poner fin a la conversación. Así que tienes tanto derecho a terminarla tú como tienen ellas a continuarla. Además, estarás mucho más dispuesto a escuchar a esa persona en otra ocasión si sabes que puedes poner fin a su monólogo cuando quieras. Que pongas ese límite es bueno para la relación. Es un aspecto más de ser un participante activo y no un oyente pasivo.

Te levantas y te vas

A la mayoría de los hijos e hijas adultos se les enseñó a esperar a que sus padres EI hubieran terminado de hablar antes de objetar o decir ellos nada, o se arriesgaban a tener que oír que eran unos maleducados o que no tenían ni pizca de respeto. Los padres EI suelen negarles a sus hijos el derecho a ser emocionalmente independientes («¡Mírame cuando te hablo!») y por supuesto no se les permite decir que no son capaces de seguir escuchando un segundo más. Esto forma parte del *entrenamiento en pasividad* que reciben los hijos de las personas emocionalmente inmaduras: tienen que estarse quietos en su sitio —disociados quizá— hasta que su padre o su madre hayan terminado de hablar. En situaciones en las que una persona emocionalmente inmadura no te dé la posibilidad de decir que no tienes fuerzas para seguir escuchando, marcharte no es ni una cobardía ni una falta de educación, es simplemente otra manera de establecer un límite, una manera que no hace daño a nadie.

A menos que estemos físicamente prisioneros, siempre podemos irnos, y no tiene por qué ser de una forma elegante. De hecho, no está de más aprender a ser un poco impredecibles.

— El método de Sam —

Sam enseñó a su familia a contar con que llegaría tarde y se marcharía temprano. Durante el tiempo que pasaba con ellos, estaba de buen humor, pero de repente se levantaba de la mesa y decía: «Bueno, lo he pasado genial, pero me tengo que ir», seguido de una sonrisa, un saludo con la mano y un «¡adiós a todos!». Descubrió que realmente lo pasaba mucho mejor con ellos sabiendo que podía marcharse en cuanto le parecía que había llegado la hora.

Las primeras veces que lo hizo, todos le preguntaban muy sorprendidos por qué tenía que irse tan pronto. Él solía poner excusas como: «Es que estoy agotado» o «Es que he comido mucho». Luego, a partir de un día, dejó de excusarse y empezó simplemente a decir adiós. Lo hacía con naturalidad, quitándole importancia, y como se despedía siempre de buen humor, su familia lo acabó aceptando. Si alguna vez se quejaban de que llegaba tarde, él asentía: «Ya, llego tarde a todos los sitios». Al cabo de un tiempo, su familia se limitaba a hacer un gesto de resignación cuando se iba y solía haber alguien que comentaba: «Así es Sam».

Puedes cortar el contacto

Si tus padres EI no respetan tus límites o tienen contigo un comportamiento excesivamente dañino, puedes decidir cortar el contacto con ellos tanto tiempo como consideres necesario. A veces necesitamos desconectar de cualquier persona emocionalmente inmadura, incluidos nuestros padres, que se haya vuelto demasiado extenuante o perjudicial (Forward 1989). Si cada interacción con ellos es invariablemente dolorosa, pon distancia hasta que te sientas lo bastante fuerte como para no dejarte arrastrar por sus tácticas. Cuando una persona EI ha tenido un comportamiento física o psicológicamente abusivo con nosotros, poner distancia puede ser la única medida que nos haga sentirnos protegidos. Excepcionalmente, y por razones de peso, hay quienes deciden cortar el contacto definitivamente.

Un distanciamiento definitivo, no obstante, tiene su precio, así que debes sopesar los costes de la separación. El objetivo de poner distancia es que tengas espacio para fortalecerte y que, si reanudas el contacto con esas personas, seas inmune a sus avances emocionales y sus intentos de dominación. Si decides tener solo un contacto mínimo con ellas, es posible que alguna breve llamada telefónica, un correo electrónico o mensaje de texto de vez en cuando o una visita rápida sean durante mucho tiempo lo único de lo que te sientas capaz.

Cuando te plantees la posibilidad de cortar el contacto definitivamente, pregúntate si podrías arrepentirte después. Esa es realmente la pregunta, y debes basar tu decisión en lo que respondas a ella. A veces el contacto directo es demasiado doloroso. A veces la única posibilidad de tener alguna clase de relación con alguien es desde la distancia.

5. Párales los pies

Veamos qué debes hacer cuando una persona EI actúe de forma abusiva. Si su conducta es irrespetuosa pero no supone una amenaza real para tu seguridad, será el momento de establecer una nueva «regla». Sabiendo qué modalidad de comportamiento irrespetuoso es típica en esa persona, puedes ensayar de antemano la respuesta adecuada hasta que te salga a la velocidad de un impulso. Las conductas abusivas suelen tomarnos por sorpresa, y si no tenemos una respuesta preparada es posible que nos quedemos paralizados. En cambio, responder de inmediato tiene ese mismo elemento sorpresa, que ataja el abuso de pretendida autoridad del individuo EI. Le paras los pies y enuncias las reglas para futuras interacciones.

Vamos a ver un ejemplo de cómo ponerle límites a un padre maltratador que casi con seguridad *no* haría uso de la violencia.

— El caso de Lisa —

Lisa seguía invitando a sus padres a las celebraciones familiares a pesar del mal genio de su padre. Luego, un Día de Acción de Gracias, lo vio darle un cachete en la nuca a su hijo de ocho años por tomar unos dulces de la despensa sin pedir permiso. Se puso hecha una furia, al venirle a la mente de golpe imágenes de los malos tratos que ella de niña había tenido que soportar. Le gritó a su padre: «¡Papá! Te juro que si vuelves a hacer eso, no volverás a vernos en tu vida». También podría haberle dicho algo como: «¡Papá! En esta casa no se pega. Si lo vuelves a hacer, no te invitaremos más. Dile a Bobby que lo sientes».

Era necesaria aquella reacción enérgica para frenar en seco a un padre que no solo se creía con derecho a mandar en su casa, sino también en la de los demás. Lisa habría estado en su derecho de decirles a sus padres que era hora de que se marcharan. Ahora bien, si hubiera temido que su padre pudiera reaccionar con violencia, habría estado fuera de lugar enfrentarse a él. En vez de eso, debería haber tratado de calmar las cosas y de velar por la seguridad de todos, incluso llamando en privado a la policía en caso necesario. Más adelante, podría explicarle a su padre por teléfono o en un correo electrónico por qué no iba a volver a invitarlos a su casa.

La seguridad es lo primero, cuando tratas con una persona EI violenta

Cuando tratamos con una persona EI potencialmente violenta, pararle los pies o exigirle que no vuelva a hacer algo puede empeorar las cosas, dependiendo de cuál sea su estado emocional en ese momento. Defenderte enérgicamente frente a alguien que está furioso puede ponerte en peligro. Es preferible pedir consejo a algún experto en el tema y confiar en tu propia intuición sobre cuál es la mejor manera de salir indemne de un momento de peligro, para en un momento posterior marcar una distancia segura. Tu principal objetivo en esas circunstancias es hacer lo necesario para no salir herido. Una vez que estés lejos de esa persona, podrás planear con detalle cómo proteger tu seguridad y la de los demás.

En el momento, responde lo mejor que sepas

A veces los individuos EI ponen en peligro a los demás porque pierden el control emocional y empiezan a romper cosas o a conducir de una manera temeraria, si están al volante. Tú te sientes como si te tuvieran secuestrado, ya que cualquier cosa que hagas puede empeorar la situación.

A veces en esas circunstancias, lo único que puedes hacer es respirar, estar plenamente consciente, intentar tranquilizar a la persona y buscar la oportunidad para calmar las cosas o para alejarte. Esto no significa que seas débil;

significa que afrontas una situación peligrosa de la única manera que puedes.

No obstante, puedes planificar lo que harás en el futuro. Podrías acceder a reunirte con ellos solo en espacios públicos u ocuparte personalmente de tu medio de transporte. Si te preguntan por qué, díselo.

Todos estos métodos se irán incorporando cada vez más a tu comportamiento natural a medida que los practicas. Cada vez serás más auténtico y más invulnerable a las coacciones emocionales. Con el tiempo, sentirás que una fuerza serena crece dentro de ti. Para que estos cambios se mantengan, date ánimos y elógiate por ser consciente y capaz de detectar la coacción emocional antes de que se abra paso a tu interior.

Aspectos destacados que recordar

Tienes el derecho a no dejar que te dominen las personas emocionalmente inmaduras. Cualquier frustración que te provoque la interacción con un individuo EI puede servirte de señal para tomar las riendas y decidir qué resultado quieres conseguir *tú*. Estás en tu derecho a disponer del tiempo y el espacio que necesites para pensar las cosas, en lugar de sentirte presionado a responder de inmediato a sus exigencias. Esquivar sus avances, desconectar de ellos, redirigir activamente las interacciones y poner límites son métodos eficaces para frenar sus intentos de controlarte emocionalmente. Vela por tu seguridad cuando trates con personas EI potencialmente violentas y pide asesoramiento profesional sobre cómo responder si se vuelven abusivas.

Capítulo 6

La hostilidad de los padres EI hacia tu mundo interior

Defiende tu derecho a sentir y pensar con autonomía

E s difícil ser una misma cuando se tienen unos padres emocionalmente inmaduros. Algunos hijos de padres EI expresan su malestar enfrentándose a ellos, pero si tú tienes un carácter reflexivo y tiendes a guardarte las cosas para ti, quizá sea ya un hábito reprimir tu verdadera forma de ser. En presencia de tus padres, tal vez ocultes un poco tu individualidad para poder llevarte con ellos lo mejor posible. Tal vez te ponga un poco nerviosa estar con ellos porque te obliga a censurar y pensar dos veces cada cosa antes de decirla.

¿Qué te hace ser tan cautelosa con lo que dices? La razón de esa cautela es que los padres EI se apresuran a juzgar y ridiculizar la experiencia íntima de los demás. Desde su punto de vista, tu mundo interior es innecesario y lo único que hace es distraerte de lo que ellos consideran importante.

Dan por sentado que tienes que estar de acuerdo con ellos en todo, así que cuando manifiestas una opinión diferente de la suya o expresas lo que sientes, se lo toman como una falta de respeto. Te hacen sentir que lo que ocurra en tu interior no es digno de tenerse en cuenta a menos que ellos lo aprueben.

En este capítulo, vamos a ver cómo la actitud hostil de los padres EI hacia tu mundo interior te puede enseñar a desconfiar e incluso a avergonzarte de lo que sientes y piensas, lo cual te impide tener seguridad en ti misma. Instintivamente, los padres y demás personas EI no quieren que confíes en tu saber interior porque entonces serás mucho más difícil de controlar. Nuestro objetivo en este momento es ver qué hay detrás de sus opiniones desmoralizadoras para que vuelvas a confiar plenamente en tus sentimientos y tu punto de vista.

La importancia de tu mundo interior y lo que te aporta

La razón de que tu mundo interior sea tan importante es que de él provienen cinco dones fundamentales:

1. Estabilidad interior y resiliencia.
2. Un sentimiento de compleción y seguridad en ti misma.
3. Capacidad de relación íntima con los demás.
4. Capacidad para protegerte.
5. Conciencia del propósito de tu vida.

1. Estabilidad interior y resiliencia

Tu mundo interior, el mundo de tu psique, se desarrolla en etapas precisas, lo mismo que tu cuerpo. Todos partimos de un estado psicológico desestructurado y vamos formando gradualmente estructuras de personalidad integradas y dinámicas. Si el desarrollo interior sigue los pasos naturales, las funciones psicológicas se entretejen en una organización estable de interconexiones gracias a la cual los distintos aspectos de ti —la mente y el corazón— colaboran en armonía. Desarrollas suficiente complejidad interior como para ser resiliente y adaptable. Vas familiarizándote con tus emociones y conociéndote; tus pensamientos son flexibles y están a la vez organizados. Eres autoconsciente.

Esto es muy diferente de la personalidad rígida, reduccionista y a menudo contradictoria a la que da lugar la inmadurez emocional. El mundo interior de la personalidad EI no está lo bastante desarrollado o integrado como para poder ser fuente de estabilidad, resiliencia o conciencia de sí.

2. Un sentimiento de compleción y seguridad en ti misma

Cuando sabes lo que piensas y estás profundamente en contacto con tu mundo interior, te sientes completa, tienes una sensación de plenitud interior que te da seguridad en ti misma. Esa plenitud te da también dignidad e integridad, y una base sólida que te sostiene en situaciones de discordia o estrés. Te proporciona además confianza en que tus sentimientos tienen sentido y en que puedes guiarte por tu intuición.

3. Capacidad de relación íntima con los demás

Ser consciente de tus emociones te permite mantener relaciones de intimidad emocional. Cuanto mejor te conozcas, más compasiva serás con otras personas. La verdadera intimidad es comprensión mutua. Sin esa comprensión y compasión, lo único que hay son dos individuos que esperan cada uno que el otro responda a sus impulsos y satisfaga sus necesidades. Tener conciencia de ti misma te ayuda también a elegir amigos y parejas que te apoyen y compartan lo que valoras en la vida.

4. Capacidad para protegerte

La capacidad para percibir el peligro en tu entorno o para saber en quién no debes confiar depende de que sepas escuchar a tu intuición. Para poder detectar el peligro, tienes que ser consciente de cómo te hacen sentirte las distintas situaciones e interacciones. El instinto primario de tu mundo interior es crucial para tu seguridad.

5. Conciencia del propósito de tu vida

Tener una buena relación con tu mundo interior revela lo que te importa realmente y dirige tu vida hacia su verdadero propósito. Si no estableces esa relación de confianza con tu mundo interior, dependerás de lo que te digan tus compañeros, la cultura o las autoridades. En la segunda parte de este libro aprenderás formas concretas de conocer tu mundo interior y de comprometerte más seriamente con este proceso.

La actitud de las personas EI
hacia tu mundo interior

Veamos ahora lo que opinan de tu mundo interior las personas emocionalmente inmaduras. Entender la actitud de tus padres EI hacia tu experiencia interna te ayudará a confiar en ti en lugar de remitirte a ellos.

Creen que aún necesitas que te lleven de la mano

Los padres EI siguen viendo en su hijo o hija adultos a una criatura que aún no ha madurado, como si todavía fueran niños. Dado que es así como te ven, no es de extrañar que sigan diciéndote cómo tienes que ser, en vez de interesarse por lo que realmente ocurre en tu interior. Se sienten con derecho a imponerte su autoridad paterna o materna hasta mucho después de que hayas llegado a la edad adulta.

Tu mundo interior de sentimientos y opiniones adultos contradice su convencimiento de que sigues necesitando sus consejos y su dirección. Es posible que te sermoneen, te critiquen o te digan lo que tienes que hacer porque no quieren aceptar que ahora eres una persona independiente. Ignorar tu mundo interior les hace creer que pueden mantener contigo la antigua relación paterno o maternofilial en la que se sienten a sus anchas.

No tienen curiosidad por tu experiencia subjetiva

Como los padres EI quieren dirigir ellos cómo deben ser los demás, la experiencia interior de su hijo o su hija les trae sin cuidado. Piensan que un niño es como una caja vacía que hay que llenar con lo que decidan los padres que ese niño tiene que saber. Dada su falta de empatía y de curiosidad, lo que les importa es cómo les tratan sus hijos a ellos, no lo que sus hijos sientan o piensen.

El desinterés de los padres EI por la experiencia interior de los demás explica que no escuchen con mucha atención. No se les ocurre que pueda estar pasándote nada importante dentro, así que ni se molestan en intentar entender tu punto de vista. Y ese desdén que mostraban hacia tu experiencia subjetiva cuando eras niña te enseñó a considerar tú también que tu mundo interior es insignificante.

Piensan que las actividades externas importan más que tu vida interior

Para los padres EI, las cosas importantes ocurren en el mundo exterior. No entienden por qué hay que animar a los niños a que sean conscientes de lo que pasa dentro de ellos. A estos padres les parece que el mundo interior de los pensamientos y los sentimientos tiene algo vagamente subversivo y es improductivo sin ninguna duda. Piensan que es mejor que los niños estén ocupados y centrados en las actividades y las cosas externas.

Es comprensible que, con una opinión tan despectiva del mundo interior, estos padres no apoyen por lo general las actividades que lo desarrollan. La lectura, la ensoñación o el arte por el arte pueden parecerles una pérdida de tiempo. Para el individuo EI todo debe estar encaminado a obtener una recompensa tangible; si no, ¿qué sentido tiene? Incluso su espiritualidad tiende a estar meticulosamente estructurada y sujeta a unas reglas, y entiende que hay unos límites estrictos sobre qué creencias son aceptables.

Se impacientan si alguien tarda en tomar una decisión

Las personas EI quieren resultados rápidos. En consecuencia, no animan a sus hijos a reflexionar antes de tomar cualquier decisión. Su consejo suele consistir en una retahíla de reglas y tópicos, o puede que simplemente nos recomienden que hagamos lo que más nos apetezca, un consejo que puede ser desastroso en muchas situaciones. A su entender, que te vuelvas hacia tu interior para reflexionar no es un acto de madurez sino una fuente de distracción y demora. Tomarte tiempo para pensar aumenta además la probabilidad de que se te ocurra algo con lo que ellos no estén de acuerdo.

Menosprecian tus decisiones

Aunque estos padres opinan que no hay tiempo para reflexiones, cuando tomas una decisión le empiezan a poner pegas y se alargan sin fin. Esta es una de las típicas incongruencias desquiciantes de los padres EI: tienes que decidir a toda prisa, pero lo que decidas debe estar de acuerdo con lo que ellos piensan. Cualquier reflexión tuya dirigida a tener en cuenta tus objetivos es para ellos una prueba de tu individuación, y eso les genera inseguridad.

Invalidan tus sueños, tu fantasía y tu sentido estético

La fantasía, la imaginación y el sentido estético se originan en el mundo interior, por lo que muchos padres EI consideran que estas funciones son una pérdida de tiempo. Desdeñan la fantasía porque les parece que es simplemente estar en Babia, sin pararse a pensar que ha sido y es precursora indispensable de cualquier invento y solución. Tiene su gracia que estas personas desprecien la imaginación cuando cada componente del mundo artificial que el ser humano ha creado existió primero en la fantasía de alguien.

Pero si hay algo que el individuo EI desprecia especialmente en los demás es su sentido estético de la belleza y todo aquello que les causa admiración. Cuando unos padres EI critican —o se burlan— de lo que a su hijo le parece admirable o bello, pueden herir gravemente su autoestima.

He aquí dos ejemplos de lo fácil que es arruinar la experiencia estética de la niña o el niño. Cuando era adolescente, Mila estuvo ahorrando, y al final pudo comprarse la fabulosa chaqueta de piel sintética que había visto y que estaba deseando llevar a clase. La primera vez que se la puso, su madre se rio y le dijo que parecía un oso sarnoso. Cuando Luke llenó las paredes de su habitación con pósteres de sus grupos de *rock* favoritos, su padre le dijo que aquellos músicos parecían todos unos desgraciados. Ni Mila ni Luke volvieron a mirar ya nunca de la misma manera aquellos objetos.

Teniendo en cuenta que los niños se enamoran de aquello en lo que descubren belleza e inspiración, la burla paterna o materna es devastadora. Cuando los padres se ríen de la profunda atracción que el niño o la niña sienten por un objeto, su confianza y su seguridad en sí mismos se tambalea. Estos niños acaban desconectándose de su mundo interior, y es posible que con el tiempo se sientan desalentados, deprimidos, vacíos e incluso sean proclives a las adicciones.

Ridiculizan tu experiencia interna

Si tus sentimientos u opiniones difieren de los de la persona emocionalmente inmadura, es probable que te avergüence, te ridiculice o se burle de ti. Algo que todos conocen de ella es su tendencia a burlarse de cualquier experiencia interna que no coincida con la suya. Con su sarcasmo quiere comunicarte que eres una ignorante y que no sabes qué es lo correcto y qué no.

Los padres EI pueden expresar esa burla de muchas maneras; por ejemplo diciéndote: «No seas ridícula», «No digas tonterías» o «Eso que dices es un disparate», todo lo cual significa que nada de lo que piensas vale la pena tenerse en cuenta. Pero también con una mirada o un suspiro pueden transmitirte el mensaje de que no sabes de qué estás hablando o de que tus ideas son absurdas. Estos menosprecios siembran las semillas de la duda y la inseguridad. *Empiezas a sentirte avergonzada de todo lo que piensas*.

Por qué son tan hostiles a tu mundo interior las personas EI

Con frecuencia, las personas EI no se limitan a discrepar de tus ideas, sino que reaccionan a ellas con desprecio y enfado. Cuando una mujer de cincuenta años le contó a su padre que había votado a un candidato de ideas opuestas a las de él, su padre le clavó el índice en el pecho y le dijo: «¡No lo vuelvas a hacer en tu vida!». Tal grado de hostilidad parecía sugerir que no solo se sentía ofendido, sino también amenazado porque ella tuviera sus propias preferencias.

Analicemos con más detalle por qué llegan a ser tan hostiles los individuos EI como para atacarte cuando expresas lo que piensas y lo que sientes.

Tu mundo interior representa una amenaza para su autoridad y su seguridad

A los padres EI no les gusta que tengas un mundo interior porque interfiere en su necesidad de controlarte emocionalmente y es una amenaza para su autoridad. Recordarás que tener control emocional sobre ti es para ellos motivo de autoestima y les da estabilidad emocional, así que no es de extrañar que se enfaden cuando, en vez de preocuparte a todas horas por ellos, empiezas a tener tus propios pensamientos y a poner la atención en tus planes.

Debido a que muchas personas EI necesitan tener una posición dominante para sentirse seguras en una relación, tu individualidad es para ellas una señal de alarma. Intuyen, con razón, que una vez que empieces a confiar en tu experiencia interior tal vez ya no puedan controlarte.

A los padres EI les preocupa también que expresar tu individualidad pueda poner en peligro su posición social. Si se criaron en un ambiente donde el estatus social dependía de la estricta conformidad a unas normas, quizá teman que tu forma de ser pueda avergonzarlos socialmente.

Tu conexión contigo misma tal vez les recuerde lo que ellos han perdido

Oírte hablar de tus esperanzas y tus sueños quizá les recuerde a estos padres la vida interior a la que ellos renunciaron. Es posible que se burlen de ti y te critiquen para poder seguir distanciados emocionalmente de sí mismos y evitar que les asalten recuerdos dolorosos.

Puede que tus esperanzas de futuro les recuerden las oportunidades que ellos perdieron. Por ejemplo, un padre solía ridiculizar a su hijo cuando expresaba su sueño de ser artista porque le traía a la memoria sus propias ambiciones frustradas. Ese padre no había podido cumplir sus sueños porque había tenido que dejar la carrera y ponerse a trabajar para ayudar a mantener a la familia. Ahora no soportaba oír a su hijo expresar su entusiasmo; era un recordatorio demasiado doloroso de lo que él no había conseguido hacer.

Cómo aprendiste a volverte en contra de tu mundo interior

Por si no era suficiente con que tu padre o tu madre emocionalmente inmaduros invalidaran tu mundo interior, es posible que, además, interiorizaras sus voces descalificadoras. Como consecuencia, quizá empezaste a desdeñar tus experiencias internas y a tratarte con desprecio. He aquí algunas traiciones que tal vez hayas cometido contra ti.

Te volviste en contra de tus experiencias internas

Una cosa es que los padres EI desprecien tu mundo interior y otra aún más dañina es que *tú* te vuelvas en contra de tus pensamientos y sentimientos. Si has adoptado el desprecio de tus padres por tus sentimientos más profundos y rechazas tu experiencia interior, das por hecho que los demás tampoco querrán escucharte. Una vez que te pones del lado de ese desprecio, es como si te hubieras impuesto un solitario confinamiento emocional. Así que te descuidas y empiezas a criticarte constantemente.

Pero no tienes por qué hacerte esto. En lugar de reñirte diciéndote «No debería sentirme así», podrías pensar

«Tengo esta sensación. Me pregunto por qué». Cada vez que aceptes con neutralidad tus sentimientos y los mires con curiosidad en vez de con rechazo o vergüenza, estarás defendiendo que tu mundo interior tiene sentido y que debes escuchar lo que te dice.

Aprendiste a crearte una fachada y a ser más superficial

Un niño no se sentirá importante al ir haciéndose mayor si sus padres no demuestran interés por lo que siente o piensa. Es difícil que ese niño se atreva a ser auténtico si tiene la sensación de que la autenticidad puede costarle el cariño de sus padres. Por miedo a que no le hagan caso, es posible que se construya una fachada atractiva en lugar de expresarse con sinceridad. Como resultado, a menudo sentirá luego que es un farsante cuando se relacione con los demás.

Las fachadas nacen de la desesperación emocional, y nos sirven para controlar la imagen que los demás tendrán de nosotros y evitar que nos ignoren o nos juzguen. Pero si por un lado la fachada nos protege, por otro hace que nuestras relaciones sean más superficiales. Tristemente, cuanto más perfeccionamos nuestra fachada, más probabilidades tenemos de acabar haciendo vida social con gente cínica y llena de prejuicios, dado que también ellos viven tras una fachada.

Si tienes la impresión de que es así como vives, trata de mostrar tus reacciones auténticas un poco más. Empieza a quitar importancia a dar la imagen ideal y presta atención a lo que realmente sientes. Cada instante en que eres consciente de ti, disminuye un poco la superficialidad. Cada vez que eres un poco más auténtica, aumenta tu lealtad hacia ti. Crearte una fachada fue probablemente lo mejor que pudiste hacer para ganarte la aprobación de tus padres EI, pero quizá ya no te sirva si lo que te importa es poder conectar emocionalmente con otras personas.

Aprendiste a reducir al mínimo tus emociones y te cerraste

Muchas veces los padres EI reaccionan ante las emociones naturales del niño como si fueran exageradas, como si el niño fuera anormal en algún sentido por expresar con sinceridad lo que siente. Así que te enseñan a reducir al mínimo la intensidad de tus sentimientos, porque las emociones fuertes los hacen sentirse incómodos. Te convencen de que muchas de tus emociones son injustificadas o excesivas.

— El caso de Mia —

Cuando de pequeña Mia estaba triste o disgustada por algo, sus padres le decían: «Bah, no te enfades» o «No estés así». Y cuando estaba contenta, rebosante de alegría o ilusionada por algo, sus padres le advertían también: «No te hagas ilusiones». El mensaje global que a Mia le llegaba era: «No sientas». Expresara lo que expresara, recibía de sus padres el mensaje de que era excesivo; lo único que les parecía aceptable era cierta animación controlada. Para que no la avergonzaran, Mia aprendió a desconectarse de sus emociones más fuertes, ya fueran positivas o negativas. En la edad adulta, esto la llevó a una depresión crónica.

«Querían que estuviera contenta —me dijo—, pero de una forma muy superficial, que no les obligara a entrar en profundidades». Recordaba que sus padres solo aceptaban que expresara una alegría un poco mayor en respuesta a cosas tangibles, objetos del mundo exterior que *ellos* consideraban motivos de alegría aceptables, como los regalos de Navidad, unos zapatos nuevos o haber sacado buenas notas. Mia ocultaba la verdadera reacción emocional que le producían las cosas para que sus padres no dijeran que era una exagerada o que era débil o hipersensible. A causa de su rechazo, empezó a reducir la intensidad de sus sentimientos y a ocultárselos a sí misma también. Poco a poco fue perdiendo la libertad emocional, el derecho a sentir lo que quiera que fuese.

Afortunadamente, al cabo del tiempo Mia reclamó su pleno derecho a la autonomía emocional. Aprendió a dejar de mantener la compostura cuando estaba entusiasmada o a encogerse de hombros cuando algo la decepcionaba profundamente. Se propuso estar abierta a las emociones y dejar que los sentimientos alcanzaran su máxima expresión.

Tú puedes hacer lo mismo. No elimines tus verdaderos sentimientos. No está bien que te dé miedo y vergüenza sentir demasiado. Puedes revertir esas traiciones a ti misma aceptando tus sentimientos tal y como cada uno de ellos quiere que lo sientas. La próxima vez que algo te emocione, deja que el sentimiento circule a través de ti sin interrumpirlo. Como persona adulta que eres, puedes permitirte experimentar tus emociones en toda su pureza e intensidad. Es la mejor manera de conocerte a ti misma.

Por desgracia, si te hicieron sentirte ridícula por expresar lo que sentías, puede que hayas aprendido a apartarte de la gente cuando estás disgustada. Puede que rechaces el gesto de cualquiera para confortarte diciéndole algo equivalente a «estoy bien». Pero no dejarte consolar es *muy* malo, porque biológicamente lo necesitas. Lo natural es que los seres humanos se dejen reconfortar a través del contacto físico y la conexión emocional (Porges 2011). El abrazo, el tono de voz y la proximidad de una persona afectuosa tienen un efecto calmante a nivel físico. Permítete recibirlos tanto como puedas. No transmitas el mensaje de que puedes arreglártelas con tu angustia. Aprecia que haya personas que te ofrezcan su comprensión, no las rechaces.

Aprendiste a dudar de tu creatividad y de tu capacidad para solucionar los problemas

Es en el mundo interior donde se originan todas las ideas nuevas, así que si te aceptas y juegas con tus pensamientos, se te ocurren soluciones más creativas. Pero si te enseñan a dudar de tu mundo interior, entonces tu creatividad y tu capacidad de idear soluciones disminuyen.

Para revertirlo, la próxima vez que estés en una situación difícil, mantén la mente abierta a nuevas ideas y presta atención a todo lo que se te ocurra sin criticarte en absoluto. Cuando tengas la tentación de rechazar alguna idea, pregúntate: «Pero ¿y si pudiera hacerlo? ¿Qué pasaría entonces?». Comprométete a cometer diez errores por cada buena idea que tengas, y verás cómo la mente comienza a hablarte de nuevo.

Empezaste a cuestionar las cosas que te hacían feliz

Quizá lo más triste de renunciar a tu mundo interior es que dejas de admitir ante ti lo que de verdad te hace feliz. Como en el caso de Mia, puede que te avergüence rebosar de alegría y creas que es mejor responder a las cosas con moderación. Podrías incluso perder la noción de lo que te hace disfrutar de verdad y agotarte con actividades que se *supone* que tendrían que ser divertidas.

Sin embargo, en cuanto te reconectes con tu mundo interior, te inclinarás espontáneamente hacia aquello que te eleva el ánimo. Si aprecias la felicidad cuando llega, puedes amplificarla y mantenerla más tiempo viva (Hanson 2013). Acoger plenamente todos tus sentimientos, positivos y negativos, te conecta contigo y te hace sentir más compleción y menos soledad (O'Malley 2016).

Cómo proteger tu derecho a tener un mundo interior

En esta sección, te daré algunas ideas sobre cómo proteger tu mundo interior de cualquier burla o desprecio. Debes defender tu derecho a tener un mundo interior porque, en cualquier relación, *ambas* partes tienen derecho a que sus experiencias internas se traten con respeto. De hecho, la base de los derechos humanos universales es honrar la importancia de la experiencia interior de cada persona (Organización de las Naciones Unidas 1948). La Declaración Universal de Derechos Humanos defiende el derecho de las personas a sentirse valiosas y buenas *en su interior*, no solo seguras en el exterior.

Veamos diez respuestas que puedes utilizar cuando una persona emocionalmente inmadura ridiculice, ataque o invalide tus experiencias más íntimas. El propósito de todas ellas es proteger tu mundo interior, lo cual se traduce en reivindicar tu autonomía emocional y defender tu derecho a expresarte. Cuando te das permiso para ser leal a tus pensamientos y sentimientos, puedes responder de una manera que cambia por completo la dinámica de la interacción.

Respuesta 1: Reclama tu derecho a ignorarlos

A veces, no responder es la mejor manera de responder. Ignorar los comentarios de la persona EI o trasladar tu atención a otra parte pone fin a su intento de descalificar tu punto de vista. Ignorar un comportamiento indeseado es siempre una buena forma de interrumpirlo y una medida muy eficaz para que disminuya su frecuencia.

Respuesta 2: Sugiere otras formas de conectar

A veces las personas EI se burlan de ti o te hacen bromas porque no conocen otra manera de establecer contacto. Por ejemplo, en una comida familiar el hermano mayor de Samantha, Rick, intentaba conectar con ella como si estuvieran todavía en quinto de primaria. Cada vez que pasaba a su lado, le daba un golpecito en la cabeza, como solía hacer cuando eran niños.

En lugar de resignarse a que se comportara así, al final Samantha se levantó de la mesa y lo siguió, le puso la mano en el brazo y le dijo: «Rick, si te alegras de verme, ¿por qué no me lo dices, en lugar de darme golpecitos? A mí me gustaría mucho más».

Luego, cuando Rick oyó a Samantha hablarle a alguien de su coche nuevo, se acercó y entró en la conversación:

—¿De qué color es?

—Blanco —respondió ella.

—¡Ah, como un retrete! —dijo él con una sonrisa traviesa.

Samantha se quedó un momento pensativa al oírle aquel comentario y luego le dijo:

—Creo que estás intentando conectar conmigo, Rick. Yo estoy muy contenta de que sea blanco. *¿Tienes alguna pregunta de verdad sobre el coche?*

A Rick lo pilló desprevenido, hubo un silencio incómodo y a continuación Samantha dirigió su atención a otra persona.

Samantha ya no se sentía obligada a ponerles buena cara a las bromas de su hermano. Cada vez que Rick intentaba conectar de esa manera, ella expresaba su derecho a recibir un trato respetuoso no siguiéndole el juego. Si Samantha hubiera sentido que Rick intentaba realmente hacerle daño, podría haber utilizado respuestas más contundentes. Pero sabía que su hermano se alegraba de verla, solo que no era capaz de decirlo.

Respuesta 3: Haz preguntas para frenar su falta de respeto

Como demostró Samantha, hacer una pregunta directa es una buena forma de comunicarle a la persona irrespetuosa que no vas a participar en sus bromas. Una pregunta interrumpe ese patrón de comportamiento ya viejo y pone la atención en la persona.

Cuestionar esas bromas fastidiosas en un tono de voz *no* desafiante, sino neutro, pone en evidencia el comportamiento del individuo EI. Algunas respuestas posibles a una broma inoportuna son: «¿Qué quieres decir exactamente con eso?», «¿Me puedes explicar a qué te refieres?» o «No entiendo bien lo que has dicho. ¿Podrías expresarlo de otra manera?». Estas preguntas no deben hacerse con sarcasmo, sino con calma, con auténtica curiosidad. (Párate un momento y prueba a decir estas tres mismas frases en tono hostil y en tono curioso, para que notes la diferencia).

A la persona EI, estas preguntas le dicen que has captado el trasfondo burlón, pero que no vas a seguirle la corriente. Le estás haciendo saber que si su intención es menospreciarte, mejor que sea absolutamente explícito porque no estás dispuesta a leer entre líneas.

Cuando se les pone en evidencia de esta manera, lo habitual es que traten de quitar importancia a sus agresiones veladas diciendo que estaban de broma o haciendo el tonto. A esto, podrías decir: «Eh..., pues supongo que a ti te ha parecido gracioso, pero a mí no me ha sentado muy bien» o «Vale, voy a entender que es así. Quizá no tenías intención de ofenderme». Digas lo que digas, estás aclarando su comportamiento en vez de reaccionar emocionalmente. Cuando respondes con una sinceridad y una curiosidad neutras a un golpe hostil, la interacción no puede dar un paso más en ninguna dirección. Estate preparada a cambiar resueltamente de tema tras un silencio incómodo; hará que tanto tú como la otra persona os sintáis mejor. Esos momentos incómodos son señal inequívoca de que se ha interrumpido un viejo patrón de comportamiento.

Respuesta 4: Desvía la interacción en vez de reaccionar

Cambiar el tono de una interacción desagradable la desvía y la deja sin sustancia. Por ejemplo, si alguien intenta que te sientas culpable o trata de dominarte emocionalmente, puedes desviar su energía negativa quitando peso a sus palabras e inyectando a la interacción una dosis de buen humor. Respondes como si te hubiera dicho algo agradable.

Por ejemplo, cuando Jayden estaba a punto de salir de casa para ir a trabajar, su padre empezó a sermonearlo con que ya era hora de que empezara a vestir un poco mejor para ir al trabajo. Jayden puso una gran sonrisa y, mientras acababa de recoger sus cosas y se dirigía hacia la puerta, iba repitiendo: «¡Hasta luego, papá! ¡Te quiero, papá! ¡Hasta luego! ¡Te quiero!». Decidió desviar su discurso en lugar de sentirse víctima de él.

Respuesta 5: Haz caso omiso de sus burlas envidiosas

Cuando las personas EI sienten envidia de alguien, acostumbran a burlarse de él. He aquí un ejemplo. Alice iba a exponer su obra en una galería importante de la ciudad donde vivían sus padres. El día que se inauguraba la exposición, durante el cóctel de bienvenida su madre se acercó a ella con unos amigos y se la presentó diciendo: «¡Aquí tenéis a mi extravagante hija artista!». A Alice se le encogió todo por dentro: no era así como ella se veía, y desde luego no era así como quería que la presentaran.

Las personas EI hacen este tipo de comentarios burlones para llamar la atención delante de los demás, para que si haces la menor objeción quedes además como un arrogante. La respuesta más eficaz a este comportamiento es hacer caso omiso de él y agarrarte fuerte a la alegría que sentías hasta ese momento. Alice neutralizó el golpe rápido de su madre sonriendo y diciendo: «¡Sí, aquí estoy!», mientras les estrechaba la mano.

Al responder con ecuanimidad y sentido del humor, no permitió que su madre la avergonzara ni se convirtiera en el centro de atención. Al no reaccionar, Alice mantuvo la atención puesta en sí misma, que es donde debía estar el día que se celebraba su éxito.

Respuesta 6: Defiende tu derecho a ser sensible

Cuando expresas tus sentimientos, las personas EI suelen reaccionar como si fueras exageradamente sensible y no tuvieras sentido de la proporción. Muchos hijos adultos de padres EI, tras años de haber oído que hacen una montaña de un grano de arena, aprenden a prologar cada sentimiento que expresan con un «no, es solo que...». Previendo la humillación que les espera, quitan importancia emocional a lo que van a decir.

Si alguien te dice que eres demasiado sensible y que no te lo tomes todo tan a pecho, en lugar de sentirlo como una punzada, podrías tener curiosidad y contestar: «Claro, ¿cuál sería por ejemplo otra forma de tomármelo?», o podrías pedir una aclaración: «A ver si lo entiendo. ¿*No* quieres que me tome como algo personal lo que me estás diciendo de mí?».

Otra manera de responder a «eres demasiado sensible» es decir con serena sinceridad: «En realidad, solo soy lo bastante sensible». Una respuesta más profunda podría ser: «Si no puedo compartir mis sentimientos contigo, supongo que he malinterpretado la naturaleza de nuestra relación». O podrías decir sencillamente: «La verdad, creo que he tenido la reacción que correspondía».

Respuesta 7: Reclama tu derecho a pensar bien las cosas

Las personas EI suelen burlarse de que la gente sensible piensa demasiado. Dan a entender que deberías aceptar al pie de la letra todo lo que dicen, sin darle vueltas. Al comentario despectivo «piensas demasiado», mi respuesta favorita es: «Tendré que pensar si es verdad». O si estás de humor para discutir, puedes preguntar: «¿En qué parecía que estaba pensando demasiado?». O, para poner fin a la discusión, podrías decir algo como: «Demasiado no, lo justo para entender las cosas», «No creas, pienso lo necesario, ni un minuto más» o «Pensar me compensa».

Como a estos individuos les gusta lanzar la piedra y esconder la mano, que te detengas para aclarar con más detalle su intención te convierte en un objetivo menos apetitoso para futuras burlas.

Respuesta 8: Defiende tu derecho a estar molesta

Las personas EI querrán hacerte entender rápidamente lo innecesarios que son tus sentimientos, sobre todo si algo te ha disgustado. A ellas les gusta mucho quejarse, pero se las arreglan para que parezca que tu malestar por cualquier problema es puro lloriqueo.

Muchas veces te «consuelan» diciéndote que deberías mostrar agradecimiento por lo que tienes. No dan importancia a tu experiencia emocional porque carecen por completo de empatía. Aunque sugerirte que mejor estar agradecida que contrariada podría parecer alentador, la mente no funciona así. Normalmente nos sentimos mejor si alguien nos muestra un poco de comprensión que si nos hace avergonzarnos por estar disgustados.

Por ejemplo, podría ocurrir que estuvieras preocupada por tu economía y una persona EI te dijera que deberías recordar lo afortunada que eres por tener trabajo, dado que hay mucha gente que no lo tiene. Por supuesto, lo único que a ti te transmite esta racionalización es que no tienes motivos para sentirte mal. Una respuesta neutra podría ser: «Agradezco tener trabajo, pero me encuentro en una situación económica muy difícil. La verdad es que me ayuda hablar de esto contigo. ¿Te parece bien?». Esta es una forma de volver al tema de conversación inicial, en lugar de resignarte a que esa persona deseche de un plumazo tu preocupación.

Respuesta 9: Defiende la legitimidad de tus problemas

A las personas EI les gusta recordarte que hay gente que ha vivido cosas peores. Por ejemplo, una cliente me contaba que su madre, que había sido refugiada de guerra cuando era niña, solía atajarla cada vez que expresaba su malestar por algo diciéndole: «¿De qué te quejas? Comes tres veces al día y no hay nadie que intente matarte». Es inútil tratar de superar algo así, pero se le podría contestar: «Aprecio la vida que tengo; sé que hay gente que lo tiene mucho más difícil. Sin embargo, esta es la situación en la que me encuentro ahora mismo. ¿Prefieres que no te hable de ella?».

Respuesta 10: Reivindica tu derecho a sentirte como te sientes

A veces las personas EI te dicen directamente: «No deberías sentirte así» o «No hay razón para que estés tan enfadada», e invalidan de plano lo que sientes. El mensaje que esto te transmite es que tus emociones no están justificadas o son anormales. Puedes ser fiel a ti y responder con calma algo como: «No veo la razón para no sentir todas las emociones que esta situación me produce». O podrías decir: «Probablemente se me pasará de aquí a un rato, pero en este momento me parece que es lo natural estar enfadada». También podrías rebatir su insinuación de que estás exagerando y preguntar: «¿Quieres decir que la mayoría de la gente *no* estaría dolida por esto? Mmmm..., no estoy muy segura».

Recuerda que el objetivo de todas estas respuestas es defender la legitimidad de tu mundo interior, no intentar cambiar a la persona emocionalmente inmadura. En vez de reaccionar con frustración y pasividad, puedes responder con resolución y expresar tu derecho como ser humano a sentir tus sentimientos y pensar tus pensamientos. Cuando le hablas sin miedo a esa persona, reivindicas tu condición de igual.

En la siguiente parte del libro, aprenderás a utilizar tu guía interior, a desalojar tu mente y a actualizar la idea que tienes de ti, para reclamar tu autonomía emocional y encontrar el tipo de relaciones que de verdad deseas.

Aspectos destacados que recordar

Hemos visto por qué las personas emocionalmente inmaduras suelen ser hostiles a tu mundo interior y cómo lo manifiestan. Has visto que los padres EI recurren a las burlas y
otra clase de rechazos para negar la importancia de tu vida
interior, y de ese modo te enseñan a desconfiar de lo que
sientes y a invalidar tu experiencia interna. Hemos examinado el impacto que tienen los padres EI en tu relación con
tu mundo interior. Por último, has aprendido diez formas
de defender tu derecho a tener tus propios sentimientos y
tu punto de vista.

SEGUNDA PARTE

Autonomía emocional

Reclama la libertad para ser tú

En esta parte aprenderás a prestarte atención a ti mismo en lugar de ceder a las coacciones emocionales y al miedo al rechazo. En lugar de temer el mal humor y las rabietas de la persona EI, protegerás tu derecho a ser tú mismo y a vivir tu propia vida. Aprenderás a defender tu autonomía emocional y tu libertad mental, y te permitirás sentir lo que sientes y pensar lo que piensas. Dejarás de negar tus necesidades y aprenderás nuevas maneras de favorecer tu crecimiento interior.

Estoy muy ilusionada por trabajar contigo para deshacer los patrones del pasado porque he visto el cambio tan radical que esto ha supuesto para innumerables clientes. Estoy deseando que saborees lo que tu mundo interior te puede aportar y descubras hasta qué punto puede ayudarte a crear para ti la mejor vida posible.

Capítulo 7

Cultiva tu relación contigo mismo

Cómo confiar en tu mundo interior

¿Te resulta extraña la idea de dedicar tiempo a desarrollar una relación contigo mismo? Quizá pienses: «Siempre soy yo mismo; ¿qué necesidad puede haber de que cultive la relación conmigo? Ni siquiera sé qué significa eso». Pero la relación contigo mismo es la más fundamental de tus relaciones; es la que determina tu felicidad, tu éxito en la vida y que tengas auténtica conexión con otras personas. Cuando te conoces a ti mismo y valoras tu experiencia interior, eres más capaz de comprender y amar a los demás.

Desgraciadamente, puede que hayas descuidado esta relación porque creciste con un padre o una madre emocionalmente inmaduros que no daban ninguna importancia a tu mundo interior. Por eso, conectar ahora con tu esencia requiere, y merece, que le dediques atención y entrega.

El impacto de que se rechazara tu mundo interior

Si unos padres EI desdeñaron o invalidaron tus experiencias íntimas cuando eras niño, tal vez no te consideres digno de que te tomen en serio. Tal vez incluso creas que lo que ocurre en tu interior no es importante. Soy testigo de esto con frecuencia en las sesiones de psicoterapia. Aunque los clientes acuden para hablar de sus problemas, suelen restarles importancia a sus preocupaciones haciendo comentarios despreciativos como: «Ya sé que es una estupidez, pero...» o «Fue por algo tan insignificante que me da vergüenza admitir que...». Tienen la sensación de que su mundo interior no es legítimo y se avergüenzan de la intensidad de sus sentimientos. Este es el caso de mi cliente Mallory.

— El caso de Mallory —

Mallory vino a verme después de que una fusión empresarial hiciera desaparecer su puesto de trabajo. Le habían ofrecido la jubilación anticipada, así que no estaba preocupada por quedarse sin ingresos, sino que su mayor problema era no saber qué hacer con su tiempo ahora que había dejado de trabajar. Mallory no tenía ninguna afición ni interés en particular, y no había nadie de su familia que viviera cerca. Por primera vez en su vida, tenía la libertad de hacer lo que quisiera, pero estaba completamente en blanco. Cada mañana, le aterraba no saber qué hacer con el día que tenía por delante. «No hay nada que de verdad me apasione», dijo.

Hasta que, al final, un día Mallory se dio cuenta de por qué no era capaz de identificar nada que le gustara hacer aparte de trabajar. Había tenido un padre muy voluble y dominante al que le encantaba ridiculizar a todos los miembros de la familia y decirles lo que tenían que hacer. «De repente me di cuenta —dijo Mallory— de que mi padre me criticaba y me humillaba a cada momento; se reía de todo lo que me gustaba o quería hacer». Incluso siendo ya una mujer adulta, su padre había seguido coartando cualquier deseo suyo de probar algo nuevo diciéndole: «Eres demasiado mayor. ¿Por qué ibas a querer hacer eso? Quítatelo de la cabeza».

Una vez, cuando Mallory tenía diez años, estaba con sus padres en un centro comercial y su padre la sorprendió hojeando una revista juvenil. Llamó a su madre a voces y le dijo: «¡Mira lo que le interesa a esta! ¡Hay que ver!». Luego se volvió y le dijo a Mallory: «¡Estas ridiculeces no son para ti!», y le arrancó la revista de las manos.

Mallory temía el sarcasmo de su padre. «Desde que era pequeña, sus burlas me afectaban mucho. Me daba miedo y vergüenza expresar mis deseos. Acabé perdiendo conciencia de qué deseaba de verdad. No sabía quién era. Porque en cuanto mi padre se enteraba de que me gustaba algo, me decía que aquello no valía para nada, que era una idiotez. Yo no entendía por qué no había cosas que me encantara hacer o por qué no tenía mis objetos preferidos como las demás chicas, pero ahora lo sé. Aprendí a mantener en secreto la parte de mí a la que le interesaban las cosas. Al principio se la ocultaba a él, pero después de tantos años de sentirme avergonzada, finalmente era yo la que ya no *sabía* de verdad lo que quería —me explicó—. Cada vez que alguien me preguntaba si prefería esto o aquello, no sabía qué decir. Al final respondía que me daba igual, porque tenía mucho miedo de no elegir lo correcto». A base de avergonzarla, habían conseguido que Mallory no confiara en ninguna señal que le llegara de su yo interior.

En la edad adulta, Mallory le plantó cara a su padre y llegó a ser una mujer independiente, resolutiva y muy competente en el trabajo. Pero en el terreno emocional, en lo que tenía que ver con descubrir sus pasiones, seguía sintiéndose reprimida. En cuanto sentía curiosidad o auténtico interés por algo y quería conocerlo más a fondo, se paraba en seco. Durante mucho tiempo, siguió anteponiendo inconscientemente la aprobación de su padre a la relación consigo misma. Se había alejado tanto de sí misma que ya no sabía qué la hacía feliz.

Cuando reprimes tus ideas y tus pasiones, tu mundo interior se encoge. El vacío que sentimos por habernos descuidado emocionalmente intentamos llenarlo con la dedicación obsesiva a las relaciones, al trabajo o a cualquier otra actividad. Pero ni las personas, ni las actividades, ni nada que provenga del mundo exterior será nunca suficiente mientras sigas desconectado de tu experiencia más íntima. Nada de todo ello puede llenar el vacío que ha reemplazado a la intensa fascinación que debería despertarte tu mundo interior.

Como en el caso de Mallory, un padre o una madre emocionalmente inmaduros pueden llegar a convencerte de que nada de lo que ocurre dentro de ti vale la pena tomarse en serio. Esa traición a ti mismo te impide valorarte como mereces y sentir plenamente la alegría de vivir. Sin embargo, todo cambia el día que te das cuenta de que tu experiencia interior es el motor de tu vida y que es crucial que le dediques tu atención. En los años que llevo trabajando como psicoterapeuta, he sido testigo incontables veces de la ligereza, el brillo y el sentimiento de libertad que sobrevienen cuando una persona redescubre la energía de su mundo psicológico. Diana Fosha (2000) llama a estos sentimientos el *estado esencial*, y es ese estado el que se recupera si la psicoterapia tiene éxito. Un cliente lo expresó diciendo que recuperar la conciencia de sí mismo era como «ser capaz al fin de saltar por encima del muro». Cuando le pregunté qué había encontrado al otro lado, sonrió y dijo: «La tierra prometida».

Pero permíteme que haga por un momento de abogada del diablo y pregunte: ¿quién dice que existe realmente un yo interior o que nuestras experiencias íntimas importan? ¿Cómo sabemos que el yo interior merece que lo cultivemos y confiemos en él? Considerando que, como hemos visto, a los padres EI les falta tiempo para ridiculizar nuestro mundo interior, ¿tenemos alguna prueba de que ese mundo y nuestro yo interior sean reales?

La realidad de tu mundo interior: pruebas de su existencia

Implícitamente, todos reconocemos a cada momento la existencia del mundo interior y contamos con él para desenvolvernos en los distintos aspectos de nuestra vida. No podríamos hablar del funcionamiento humano si no fuera así. Solo que no somos conscientes de la cantidad de veces al día que consultamos nuestro mundo interior y nuestras experiencias internas para saber cómo actuar.

Tu mundo interior determina tus creencias más fundamentales y las decisiones más importantes que tomas en la vida: quién consideras que eres, en qué crees y el futuro que deseas. En él se inspira la clase de persona que quieres ser, lo que enseñas a tus hijos y el sentido que tiene la vida para ti. Difícilmente podría haber algo más práctico que el mundo interior, pues ¿qué puede ser más básico que saber lo que necesitas para sobrevivir y progresar? El mundo interior es tan real como cualquier objeto tangible.

Cuando hacemos referencia a la voluntad de una persona, a su seguridad en sí misma y su autoestima, hablamos de estas cualidades como si fueran una realidad, y ciertamente lo son, al igual que lo son la confianza, la fe, el optimismo y la intuición. Tu mundo interior es de donde nacen las soluciones a tus problemas, las revelaciones que te dejan boquiabierto y la comprensión de cómo funcionan las cosas.

La educación es un ejemplo de búsqueda del mundo interior muy valorada. El deseo de aprender y desarrollarte intelectualmente nace de tu mundo interior, al igual que la curiosidad, la ambición y la capacidad de reflexionar sobre ti mismo. No podríamos ponernos metas o imaginar algo mejor si no tuviéramos un conocimiento interior que nos guiara y nos impulsara a avanzar. Misteriosamente, podemos asomarnos a nuestro interior, imaginar planes y trazar un rumbo a pesar de las presiones y tentaciones externas. Esta capacidad interior de evaluar nuestra vida y determinar hacia dónde queremos ir es la fuerza que nos permite cambiar para tener una vida mejor.

No podrías ser independiente ni hacer amigos si tu mundo interior y tu yo más íntimo no fueran reales. Tu mundo interior es de donde proceden toda tu energía, tu sentido del humor, tu entusiasmo y tu altruismo. La capacidad de ser ecuánime y leal a los demás proviene de tu interior, así como el interés que puedas tener por asesorar y orientar a otras personas. El deseo de amar a los demás y de mejorar el mundo viene del interior. El sentido de tu vida solo puedes encontrarlo dentro de ti.

Tu mundo interior te da la resiliencia y la capacidad para atravesar los momentos difíciles y conseguir finalmente lo que quieres. El sentido común, la compasión y la gratitud son dones interiores, al igual que la adaptabilidad y el estoicismo ante las dificultades (Vaillant 1993). También la paciencia, la valentía y la perseverancia son para nosotros fuerzas interiores muy reales, puesto que las vemos actuar a diario.

En caso de que todavía te preguntes si estas cualidades interiores realmente «existen» o deben considerarse «reales», basta que imagines cómo sería tu vida sin ellas. No puedes, porque no solo son reales, sino que son tan esenciales para la vida como cualquier realidad externa. Que las personas emocionalmente inmaduras resten importancia a tu mundo interior no significa que no sea fundamental para vivir.

¿Qué es exactamente tu yo interior?

Es difícil expresar con palabras la idea de que tenemos un *yo interior*, y sin embargo nunca ha habido nadie que me mirara con extrañeza cuando lo he mencionado. Todos percibimos un núcleo interno que es nuestro y solo nuestro, y que existe como en una dimensión apartada de las preocupaciones cotidianas. Sentimos su presencia. Ahora definamos el yo interior y qué lo constituye.

Tu yo interior

Eso que denomino *yo interior* tiene muchos nombres de uso común: alma, espíritu, corazón, el *tú* que hay en ti... Los distintos teóricos han utilizado términos diversos para aludir a esta vitalidad interior: el *sí-mismo* (Jung 1959; Kohut 1971), el *estado esencial* (Fosha 2000) o el *verdadero ser* (Schwartz 1995), por nombrar solo unos pocos.

Me gusta llamarlo *yo interior* porque es una denominación sencilla, directa e inconfundible en el lenguaje común. Cuando me refiero al yo de este modo, la gente parece saber de qué estoy hablando. El yo interior es ese testigo interno —el núcleo de tu ser— que acoge la vida en su totalidad y se mantiene inalterable al efecto de la vida. El yo interior es lo que sientes que eres en el nivel más profundo. Es tu individualidad única, por debajo de tu personalidad, del rol familiar que desempeñes y de tu identidad social.

Aunque no lo puedas ver, medir ni tocar, su presencia es tu punto interior de apoyo, y tendrás un sentimiento de vacío si te desconectas de él. Es como un amigo interior sabio y leal que siempre quiere lo mejor para ti. Ocupa tu mundo interior y se comunica contigo a través de tus sentimientos y sensaciones más íntimos.

Cómo te ayudan las indicaciones de tu yo interior

Tu yo interior protege y enriquece tu vida orientándote de las siguientes maneras:

1. **Las emociones que te alertan.** El yo interior utiliza tus sentimientos más profundos —no solo las reacciones superficiales— para impulsarte hacia lo que te conviene. Te hace sentirte pletórico de energía cuando descubres algo que hace aflorar lo mejor de ti, y en cambio te hace evitar las cosas que te deprimen o te producen aburrimiento o insatisfacción. Incluso te advierte con una sensación de inquietud, miedo o aprensión en situaciones potencialmente tramposas o peligrosas.

2. **Una sensación inmediata de «saber».** Tu yo interior capta al instante la verdadera naturaleza de una situación o de las intenciones de alguien. Hay cosas que sencillamente *sabes* por instinto. Este saber intuitivo es a lo que te refieres cuando respondes: «Veo lo que dices» o «Entiendo», al captar algo en su totalidad instantáneamente. Por mucho que las personas EI quieran convencerte de que no le hagas caso a tu yo interior, el yo interior sabe lo que sabe.

3. **Percepciones inspiradas.** Las percepciones inspiradas son diferentes de los habituales pensamientos atropellados que se entremezclan sin orden a lo largo del día.

Te llegan de tu yo interior y te dan una clase de información inmediata y profunda que jamás te podría dar el pensamiento ordinario. Cuando tienes esa capacidad de penetración, razonas con claridad y ves con transparencia la raíz de un problema. Las percepciones inspiradas te ayudan a resolver dilemas, a analizar la causa y el efecto de una situación y a que se te ocurran ideas creativas. Estas percepciones suelen surgir de la nada mientras estás haciendo otra cosa, como caminar, ducharte o conducir.

4. **Indicaciones para la supervivencia.** La supervivencia física tal vez sea el máximo beneficio de tener una buena relación con tu mundo interior. Aquellos que han sobrevivido en circunstancias excepcionalmente duras tenían un yo interior en el que confiaban y al que apelaban en los momentos de dificultad extrema (Huntford 1985; Simpson 1988; Bickel 2000). El rico mundo interior con el que estaban en contacto los ayudó a sobrevivir infundiéndoles sentido del humor, altruismo, optimismo, imaginación y la capacidad de encontrar significado a sus esfuerzos (Frankl 1959; Siebert 1993; Vaillant 1993). Como dijo Lawrence Gonzales (2003): «Para sobrevivir, tienes que encontrarte a ti mismo. Entonces da igual dónde estés».

Ejercicio: Recuerda momentos en los que te haya guiado tu yo interior

En tu diario, describe un momento en el que escucharas el consejo de tu yo interior. Puedes utilizar una o varias de las siguientes sugerencias. Si no se te ocurre nada de inmediato, date un poco de tiempo. La mayoría hemos tenido esta clase de experiencia en alguna ocasión.

1. Un momento en el que hiciste caso de lo que sentías, y resultó que estabas en lo cierto aunque nadie más que tú había captado nada.

2. Un momento en el que supiste al instante lo que había que hacer en una situación, aunque no fueras capaz de explicar cómo lo habías sabido.

3. Un momento en el que te llegó de repente una idea o una solución después de mucho tiempo de no encontrar la manera de resolver un asunto.

4. Un momento en que la intuición te protegió de un peligro o incluso te salvó la vida.

Tanto si esas experiencias tuvieron lugar en circunstancias cotidianas como en situaciones extremas, todas ellas son prueba de esa guía inteligente que hay dentro de ti y que vela por que cumplas el propósito de tu vida.

Inicia una relación mejor contigo misma

Como veíamos en el capítulo anterior, las personas EI desdeñan tu mundo interior porque lo consideran innecesario e irrelevante. Si te crees su opinión, te perderás la sabiduría que tu yo interior quiere hacerte llegar a través de los sentimientos, intuiciones y percepciones. Sin embargo, ahora puedes poner en práctica las cinco sugerencias siguientes para establecer poco a poco una relación de confianza y respeto con tu yo interior y sus orientaciones.

1.   Presta atención a tus sensaciones físicas internas.
2.   Averigua lo que significan tus sentimientos.
3.   Niégate a juzgarte y a criticarte.
4.   Identifica lo que necesitas.
5.   Ensueña el propósito de tu vida y cuál es tu sitio.

1. Presta atención a tus sensaciones físicas internas

Lo mismo que a Mallory, tal vez también a ti te enseñaron a decirte cosas como «Eso no tiene ningún sentido; es una locura; estoy exagerando; no debería sentirme así». Pero a veces las sensaciones físicas son más insistentes aún que tu discurso. Esas señales físicas pueden darte una enorme cantidad de información valiosa sobre situaciones y personas.

Una de las mejores maneras para entender con claridad las indicaciones de tu guía interior es prestar mucha atención a todas las sensaciones físicas. Tu yo interior te habla a través del cuerpo, y tu bienestar es su misión principal. Tu cuerpo te pone constantemente al día sobre el estado de las cosas, para que sepas si tus necesidades psicológicas y físicas se están cubriendo, descuidando o relegando peligrosamente.

Para cultivar una relación mejor contigo misma, a veces tienes que aprender de nuevo a prestar atención a tus sensaciones físicas. Muchos hijos e hijas adultos de padres EI viven tan absortos en sus pensamientos que no perciben los mensajes que su cuerpo les envía. Literalmente, no se dan cuenta de que están tensos, estresados, incómodos o incluso asustados. Tampoco experimentan plenamente los momentos de alegría porque han perdido el contacto con sus sentimientos. Debido a su hostilidad hacia el mundo interior, los padres EI les dicen a sus hijos que prestar atención a las sensaciones físicas es una pérdida de tiempo. Pero se equivocan. He aquí algunas señales físicas que son una excelente fuente de orientación:

Sensaciones placenteras

Cuando avanzas en una dirección que te beneficia, es posible que notes en el pecho una sensación de plenitud, calidez o expansividad, y como si te quitaran un peso de los hombros y el cuello. Se diría que el mundo es más ligero, más libre y brilla más, y tú también. Te sientes llena de energía y tienes una sensación de fluidez y desenvoltura física, como si tu cuerpo tuviera capacidad para hacer cualquier cosa. La investigadora y psicoterapeuta Diana Fosha (2000) ha visto que esas experiencias esencialmente expansivas y vivificantes se corresponden con los momentos en que más probabilidades hay de que se produzca una sanación emocional transformadora.

Advertencias físicas

Tu yo interior utiliza las sensaciones corporales también para advertirte. Por ejemplo, sentir el estómago contraído, el cuello y los hombros tensos, dolor de espalda o tensión en los brazos puede ser una advertencia de que estás haciendo más de lo que es saludable o de que te estás dejando subyugar. O puede que tengas una sensación de repugnancia o se te ponga la piel de gallina en presencia de alguien que quiere violar tus límites. Las sensaciones de fatiga, irritabilidad, inquietud e incluso náuseas son otras señales con las que tu yo interior trata de alertarte de personas y situaciones que te dejarán sin energía.

Cambios de energía

Tu yo interior hace que te sientas inequívocamente llena de energía o agotada como señal de advertencia. Al entrar en contacto con ciertas personas, situaciones o incluso ideas, tu nivel de energía aumenta o disminuye. Un aumento de la energía indica que has encontrado algo que te aviva el ánimo. Por el contrario, si notas que el nivel de energía desciende, lo más probable es que esa situación o esa persona no te convenga.

No obstante, hay una excepción a la regla, y es la ansiedad. Si creciste con unos padres EI, quizá aprendieras a sentir ansiedad hacia cosas que *sí* te convienen. Por ejemplo, si de pequeña te sentías ignorada o rechazada, es posible que hayas extendido aquella ansiedad a todas las actuales situaciones sociales. Por suerte, puedes insensibilizarte a la ansiedad interpersonal practicándolo repetidamente con personas de confianza y situaciones sociales en las que te sientas segura.

El descontento va acompañado también de una disminución de la energía para indicarte que en esa situación no hay nada que nutra a tu verdadero yo. Podría parecer innecesario decir esto, pero es anonadante la frecuencia con la que nos sentimos faltos de energía y, aun así, seguimos adelante como si nada porque nos decimos que eso que estamos haciendo es lo que tenemos que hacer. A la larga, suele terminar mal.

2. Averigua lo que significan tus sentimientos

El padre y la madre EI creen que ser comprensivo y cariñoso con un hijo es decirle que no hay razón para que se sienta mal. Con tanta insistencia desechan los sentimientos de sus hijos que, a menudo, el niño o la niña decide arreglárselas solo. Por ejemplo, si su hijo está asustado, estos padres le dicen: «Pero si no hay razón para que tengas miedo», en lugar de escuchar lo que le asusta. Y si hay algo auténticamente eficaz para conseguir que alguien se desconecte de sí mismo es decirle que no tiene fundamento lo que siente.

Cuando tu padre o tu madre te enseñan a ignorar tus sentimientos, en realidad te están diciendo que tu mundo interior no cuenta. Esto va socavando tu relación contigo misma. Pero los sentimientos que rechazas no desaparecen; se esconden bajo tierra. Si reprimes suficiente cantidad de sentimientos, acabarán manifestándose como los clásicos síntomas de la depresión, en forma de ansiedad o de explosiones emocionales.

Por tanto, vale la pena que busques la causa de tus sentimientos. Confía en que tienen una razón de ser y piensa en qué ocurrió justo antes de que empezaras a sentirte así.

Cuando tratas tus sentimientos como si tuvieran sentido, le estás diciendo a tu yo interior que puede hablarte y que lo escucharás.

3. Niégate a juzgarte y criticarte

Crecer con unos padres EI puede hacernos muy autocríticos, ya que están convencidos de que la crítica es el único medio eficaz para convertirnos en personas responsables. Lo que acabas sintiendo es que nunca estás a la altura y que tienes que esforzarte constantemente por hacerlo todo mejor. Te exiges hasta tal punto que el efecto es destructivo, no constructivo.

Tal vez, como hicieron tus padres, tú también sigues pensando que la autocrítica te hará mejor persona. Pero criticarte no va a hacer que mejores más de lo que atacar la autoestima de un niño podría darle confianza y seguridad. La autocrítica no es manera de tener una relación contigo misma; más bien lo contrario, ya que te condena a una vida de dependencia y ansiedad en la que nada tiene mayor poder que la opinión que los demás tengan de ti.

En lugar de juzgarte, ¿por qué no piensas en qué aspectos de ti te gustaría cambiar, averiguas cuáles son los pasos necesarios y buscas apoyo? Ni siquiera arrepentirte por un comportamiento pasado tiene por qué convertirse en un juicio. Si sabes lo que te gustaría haber hecho de otra manera, ya has aprendido la lección y puedes perdonarte a la luz de lo que ahora comprendes.

Ejercicio: Pon al descubierto la autocrítica

Date cuenta cada vez que pienses de ti algo despreciativo o despiadado. ¿Qué sentirías si alguien te dijera eso? Párate un momento y presta atención a las emociones que te provoca esa autocrítica, y luego describe en tu diario lo que sientes. Cada vez que te sorprendas atacándote, puedes darle la vuelta de inmediato. Por ejemplo, «¡vaya estupidez que acabo de hacer!» podría convertirse en «voy a procurar no volver a hacer esto». Disfruta viendo cuántos de esos hábitos puedes traducir a frases más favorables.

4. Identifica lo que necesitas

Cuando te enseñan desde la infancia a dar prioridad a los demás, es fácil que pierdas el contacto hasta con tus necesidades físicas más básicas, como el descanso, el sueño o el ocio. Haber aprendido a desatender a la niña que eras significa que quizá ahora tengas que hacer un esfuerzo consciente y deliberado para cuidarte como es necesario.

Además, los padres EI pueden crearte confusión sobre si es natural o no la necesidad de relación social que sientes, ya que muchas veces, pensando en su propia conveniencia, estos padres acaban convirtiendo a sus hijos en islas emocionales. Si prestas atención a las indicaciones de tu yo interior, tal vez descubras que necesitas más contacto humano, más actividades de grupo o más participación social de lo que pensabas. Afortunadamente, a medida que se vaya fortaleciendo tu relación contigo, te sentirás cada vez más segura de ti misma y te resultará más natural buscar contextos sociales en los que te sientas a gusto.

5. Ensueña el propósito de tu vida y cuál es tu sitio

Los individuos EI suelen adoptar una postura escéptica y cínica ante cualquiera a quien le importe descubrir en su vida una plenitud y un sentido más profundos. Viven tan desconectados de su mundo interior que no entienden cómo puede ser beneficioso para nadie pasarse el día soñando. Y sin embargo, está claro que ensoñar es fundamental para que surjan nuevas ideas de cómo tener una vida más plena.

Tu yo interior te anima a ensoñar y a imaginarte en nuevas circunstancias que concuerden más contigo. Tal vez todavía no hayas descubierto cuál es el propósito de tu vida o qué tipo de comunidad necesitas, pero una vez que empieces a asomarte a tu interior, te sentirás con más energía y esperanza. Las ensoñaciones son siempre el primer paso para descubrir una forma de vida más enriquecedora y con un propósito más claro.

Valora tu experiencia interior y da prioridad a cuidarte

Los hijos e hijas adultos de padres EI tienden a descuidarse y a no protegerse lo necesario porque les dijeron que la bondad nace de pensar primero en los demás. Quizá tú también necesites revisar qué valor das a tus experiencias internas para poder protegerte y cuidarte como mereces. Estas son cinco formas de que empieces a concederte un lugar prioritario en tu vida:

1. Determina lo que vales

¿Te has sentado alguna vez y has llegado realmente a una conclusión sobre si tú y tus sentimientos sois valiosos o no? La mayoría de las personas no lo han hecho. Se *sienten* valiosas unas veces y otras no, dependiendo de las circunstancias, pero no acaban de decidirse sobre qué valor tiene su experiencia interna como seres humanos. Es poco probable que unos padres EI te animaran a hacer esta clase de autoevaluación, puesto que preferían ser ellos quienes te dijeran lo que valía la pena valorar. Pero ahora es muy importante que te decidas, porque si no consideras que tu experiencia interior sea valiosa, ¿qué motivación puedes tener para protegerte o prestar atención a tus ideas? La valoración que haces de ti y de tus experiencias internas determina lo que te permitirás tener en la vida.

Ejercicio: ¿Valoras tus experiencias internas?

Para tener relaciones enriquecedoras y fundadas en la reciprocidad, primero tienes que valorar tus experiencias internas. Si no te consideras interesante e importante, no es probable que busques a alguien que lo haga. Utiliza las siguientes frases para aclarar cuánto te valoras. Contesta espontáneamente, sin pensarlo demasiado. Basándote en una escala del cero al diez, asigna un número a cada afirmación, entendiendo que cero significa «no lo creo en absoluto» y diez «lo creo totalmente y así lo vivo».

1. Me merezco atención y cuidados.
2. Merezco que se me escuche.

3. Merezco que se me comprenda.
4. Mis necesidades merecen ser para mí una prioridad.
5. Mis sentimientos importan en todas las interacciones.

Si miras las respuestas que has dado, ves en qué aspectos podrías estar aceptando de los demás un trato despectivo porque esa es la actitud que tienes hacia ti. Si has tenido una puntuación baja en alguna afirmación, es posible que necesites ser más comprensiva contigo en ese aspecto y apoyarte más. Si detectas en ti una tendencia a no querer oír a tu yo interior en cualquier área, utiliza esa información para ponerte de tu parte y cultivar una relación más leal contigo misma.

2. Valora tus sentimientos lo bastante como para protegerlos

Si ha habido alguna vez alguien —una niña o un niño principalmente— por los que hayas sentido especial afecto, sabes cómo te sentirías si vieras que los están maltratando. Sentirías una intensa rabia y los querrías proteger. ¿Puedes sentir lo mismo por ti?

Muchas personas no se sienten con derecho a protegerse y optan por consumirse de resentimiento. Sin embargo, el resentimiento es una reacción pasiva y no te ayuda a protegerte ni a cuidarte. El instinto de autoprotección puede asustar un poco al principio, porque a veces se manifiesta con emociones muy fuertes: ira, indignación o incluso odio. Pero estas son señales emocionales de que alguien ha tratado de controlarte o dominarte. Esos sentimientos te están diciendo que tus experiencias internas son importantes y que las debes proteger.

3. Haz que tu mundo interior importe

Los niños aprenden lo que valen en función de si sus padres prestan atención o no a su mundo interior. Te valoras en la misma medida en que tus padres respetan y acogen tu experiencia íntima. Esto es lo que puedes decirte para fortalecer la relación contigo misma:

1. *Tus experiencias interiores cuentan.* Ten interés por tus pensamientos, sentimientos y sueños.

2. *Tu mundo interior merece que lo defiendas.* Sé fiel a lo que sientes y protege tus intereses cuando te sientas coaccionada.

3. *Tus sentimientos y pensamientos son igual de importantes que los suyos.* Antepón cuidar de ti a satisfacer los caprichos de los demás.

4. *Tus errores son inocentes.* No te vuelvas contra ti si cometes un error y resiste el impulso de avergonzarte.

5. *Tu mundo merece que le dediques tu atención.* Escucha tus pensamientos y sentimientos y tómate completamente en serio.

6. *Mereces pasar tiempo contigo.* Disfruta de tu compañía y haz cosas simplemente porque te hacen sentirte bien por dentro.

Si necesitas más pruebas de lo valioso que es tener una buena relación con tu mundo interior y protegerlo, piensa en personas a las que admiras precisamente porque valoraron sus sueños y dedicaron profunda atención a su experiencia interior. Todo el mundo da por sentado que esa dedicación es imprescindible en el caso de los actores y actrices famosos, los científicos galardonados con el Premio Nobel, los grandes músicos y los artistas de renombre mundial. A nadie se le ocurre preguntarse si esas personas deberían prestar tanta atención a su mundo interior. Nunca nos preguntamos si es aceptable que salvaguarden de las exigencias de los demás su tiempo y su energía. Eso es también lo que todos deberíamos hacer por nosotros mismos.

4. Tu prioridad número uno es cuidarte: sé una buena madre y un buen padre para ti

Dar prioridad a atender tus necesidades es una forma estupenda de restablecer la relación contigo misma que habías descuidado. Como harían un padre o una madre amorosos, puedes apoyarte para tener una vida de prosperidad, no solo para sobrevivir. Puedes valorarte y quererte por el simple hecho de estar viva. Si te aprecias de verdad, como harían esa madre o ese padre afectuosos y comprensivos, eliminas cualquier antigua duda sobre tu valor. Siendo leal a ti, te das un apoyo incondicional libre de juicios y te comprometes a cuidar de tu desarrollo como ser humano con el mismo amor que lo harían un padre o una madre entregados.

Siendo una buena madre o un buen padre para ti, desharás los traumas multigeneracionales que dan lugar a la baja autoestima y la negligencia emocional. Puede que seas el primer miembro de tu familia en experimentar hasta qué punto cambia la calidad de vida cuando honramos nuestras experiencias internas.

Sé un buen padre y una buena madre para ti misma y date todo tu apoyo cuando te sientas sola, desmoralizada, abrumada o tengas la tentación de criticarte. En lugar de solo *pensar* palabras de ánimo, prueba a escribir esos pensamientos en tu diario mientras los verbalizas en un susurro o a pleno pulmón. Escuchar palabras de ánimo en tu propia voz tiene algo que ayuda de verdad.

Ejercicio: Reconfórtate a ti misma

Cada vez que te sientas abrumada, asustada o angustiada, escribe y expresa en voz alta cada preocupación y cada temor, por insignificante que sea. Di escuetamente y con toda franqueza lo que temes que pueda ocurrir, como lo haría una niña. Sobre todo, estate atenta al horror por que se desvele lo inútil o lo mala que eres (Duvinsky 2017). Por el solo hecho de admitir tus miedos e inseguridades, se vuelven menos aterradores. Puede que te sientas un poco avergonzada al escribir algunos de esos miedos, pero no dejes que eso te detenga. Te aseguro que funciona.

Cuando los hayas anotado todos, siente compasión hacia ese yo infantil aterrado y agobiado. Luego escribe y habla contigo con la empatía con que lo harían un padre o una madre afectuosos. Primero recuérdate que *todo el mundo* se siente agobiado a veces y que es normal sentirse así. Tómate en serio tus miedos y recuérdate que no estás sola y que tendrás toda la ayuda que necesites. Darle a tu niña interior ese consuelo es una excelente manera de aceptarte más a ti misma.

5. Descubre la renovación emocional que supone experimentar tu mundo interior

Afortunadamente, el mundo actual es mucho más receptivo a las actividades del mundo interior, como el *mindfulness* o atención plena, la escritura terapéutica y la meditación. Los estudios científicos han demostrado los beneficios que tienen para la salud, tanto física como psicológica, estas prácticas que fortalecen la relación con tu mundo interior. Enfocar la atención en tu interior reduce la ansiedad, te da paz y despierta en ti una placentera conciencia del simple hecho de estar viva. Estas prácticas tienen un efecto aislante que te mantiene a salvo de cualquier intento de dominación por parte de las personas emocionalmente inmaduras y son, en primera instancia, una manera de honrar tu vida interior.

Atención plena o *mindfulness*. Puedes practicar la atención plena mientras realizas tus actividades cotidianas (Nhat Hanh 2011). Basta con que tu intención sea estar en el momento presente y sumergirte en tus percepciones sensoriales inmediatas. Al hacerlo, sentirás la vitalidad de estar totalmente presente y consciente.

He aquí un ejercicio de *mindfulness* para que lo experimentes tú misma. Mírate la palma de la mano y durante un par de minutos percíbela como si la vieras por primera vez. Fíjate en cada detalle: su contorno, su olor, su textura, la dirección de las líneas, las elevaciones, las sombras y las zonas pálidas. Pálpala para descubrir las zonas blandas y duras y pellízcalas con suavidad, nota su temperatura. ¿Cuántos colores puedes identificar? Sigue observando nuevos aspectos y experimentando su realidad hasta que hayan pasado los dos minutos. Observa cómo te sientes después.

Meditación. La meditación te ayuda a experimentar tu mundo interior con una ecuanimidad y una entrega que reavivan y relajan la mente (Kornfield 2008). Se ha demostrado lo beneficiosa que es para la salud física, mental y emocional (Kabat-Zinn 1990). Podrías ir a clases de meditación o practicar cualquiera de las meditaciones que encontrarás en sitios web como, por ejemplo, Headspace o Insight Timer. La meditación consiste en sentarte y permanecer inmóvil con los ojos cerrados, relajar el cuerpo, enfocarte en la respiración y dejar que los pensamientos pasen de largo sin apegarte a ellos, y volver a centrarte en la respiración cada vez que algo te distrae. La meditación revela que, en cuanto te desapegas del mundo exterior, hay una espaciosa dimensión dentro de ti extraordinariamente viva, y experimentarla te colma de energía. La meditación es una confirmación directa de la realidad del mundo interior.

Escritura terapéutica. Volcar sobre el papel tus pensamientos, sentimientos, observaciones y sueños nocturnos sin juzgarlos te acerca a tu experiencia interior. Escritores, científicos, viajeros y exploradores han utilizado esta forma de escritura para intensificar sus percepciones y refinar su pensamiento. También podrías utilizar algún libro sobre el poder sanador de los sueños, por ejemplo *Mindful Dreaming* (Gordon 2007), para comprender hasta qué punto pueden guiarte en tu desarrollo como ser humano.

Ahora que mejorar tu relación contigo misma es para ti una prioridad, vamos a ver a continuación cómo vaciar tu mente de pautas de pensamiento y comportamiento falsas y a actualizar el concepto que tienes de ti.

Aspectos destacados para recordar

Para cultivar una buena relación contigo misma, honra tu mundo interior por lo que aporta a tu vida. Puede que hayas descuidado hasta ahora tu experiencia interior por satisfacer los deseos y necesidades de personas emocionalmente inmaduras, pero ha llegado la hora de que te sientas libre para valorar tu mundo interior como fuente fidedigna de información para orientarte en la vida y cuidarte de verdad. Anularás los efectos de haber vivido desconectada de ti en cuanto vuelvas a tomarte en serio tus señales internas y, decidida a valorarte y protegerte, fortalezcas la conexión con tu yo interior practicando la atención plena, la meditación y la escritura terapéutica.

Capítulo 8

El arte de hacer limpieza mental

Haz sitio para tu propia mente

Si creciste con un padre o una madre EI, es posible que te hicieran sentir que eras malo o raro si tus pensamientos no coincidían con los suyos. Como consecuencia, probablemente hayas aprendido a tener cuidado con lo que dices en su presencia. Aunque es de suponer que a estas alturas habrás rechazado algunas de sus creencias, puede que incluso no estando con ellos sigas teniendo muy presente lo que consideraban aceptable. Sin embargo, ha llegado la hora de que diferencies tus pensamientos de las ideas que te inculcaron y de que tu mente sea libre de nuevo para velar por tus intereses e intenciones y trabajar en todo momento en tu propio beneficio. Hacer limpieza mental consiste en separar los pensamientos que son verdaderamente tuyos de los que has ido heredando de otras personas.

Cuando tu mente es tuya, no temes el juicio de los demás y puedes pensar con objetividad. Sabes desde un sitio muy profundo si algo tiene sentido o no. Cuando tienes claridad de pensamiento y ese pensamiento está avalado por tu experiencia interior, no pueden seducirlo ni la lógica engañosa de nadie ni sus intentos por culpabilizarte. Cuando tienes una mente independiente y autonomía emocional, puedes razonar libremente por mucho que una persona EI se empeñe en decirte lo que debes pensar. Esta capacidad de pensar con claridad teniendo en cuenta tus sentimientos y tu experiencia íntima es la esencia de la *inteligencia emocional* (Goleman 1995).

La vergüenza y el sentimiento de culpa pueden silenciar el pensamiento libre

La libertad para pensar lo que quiera que pienses en la intimidad de tu mente es la base fundamental de tu individualidad y autonomía. Aunque las personas EI hacen lo posible para que te sientas culpable por pensar lo que piensas, tus pensamientos no pueden por sí solos hacerle daño a nadie más que a ti. El pensamiento es una experiencia interior, no un acto interpersonal. Los pensamientos surgen inocentemente de nuestro instinto de supervivencia, de seguridad y de placer, y son involuntarios. Son la materia prima personal de la mente y, como tales, no son ni buenos ni malos. No obstante, las personas EI juzgan lo que piensas para asegurarse de que está de acuerdo con sus convicciones.

— El caso de John —

Aunque mi cliente John era un profesional competente en el trabajo, le costaba mucho pensar con claridad y decidirse sobre cualquier cosa cuando estaba con su novia. Un día, se dio cuenta de por qué censuraba cada uno de sus pensamientos siempre que estaba con ella: «Cuando era niño, no solo me avergonzaba de las cosas que se me ocurrían, sino que tenía la sensación de que mis pensamientos nunca eran del todo privados. Me parecía peligroso pensar, porque mis padres se inventaron un juego en el que me preguntaban qué pensaba sobre lo que fuera y luego juzgaban lo que había dicho. Si era reflejo de sus ideas, lo consideraban aceptable; si no, se reían de mí y me decían que estaba equivocado y que pensaba cosas muy raras. Yo procuraba estarme callado para no darles pie a que adoptaran automáticamente la actitud de jueces: "Mmmm, veamos, ¿qué opinión nos merece este pensamiento de John?". Y a mí me parecía que su veredicto era siempre o "sí, bien pensado; le damos nuestra aprobación" o "¡Lo que dices no tiene ningún sentido, pedazo de idiota"».

Como muestra este ejemplo, alguien puede hacer que te sientas culpable o te avergüences de tus *pensamientos* aunque no le hayas hecho nada a nadie. Las contadas veces que durante su infancia John se había atrevido a discrepar de su madre, ella automáticamente le había dejado de hablar. Era muy alto el precio que pagaba John por tener sus propias opiniones. «Para ella estaba muerto hasta que dejaba de pensar lo que no debía», me dijo. No es fácil tener claro lo que piensas si sabes que expresar tu opinión puede significar que alguien te insulte o se ría de ti. Como los padres emocionalmente inmaduros necesitan sentir que tienen razón en todo, te hacen sentirte rechazado si tu pensamiento no coincide con el suyo.

Es autodestructivo que como persona adulta aceptes la opinión de nadie en lugar de consultarte a ti mismo. Sin embargo, eso es precisamente lo que te enseñan a hacer los padres EI; te hacen sentir que eres un rebelde y un egoísta si no les concedes un lugar prioritario en cada uno de tus pensamientos.

Estos padres interpretan la libertad de pensamiento como una deslealtad

Lo más fundamental para los padres EI es sentirse importantes, sentir que se les respeta y que todo el mundo acata su autoridad. ¿Qué ocurre, entonces, si tú tienes tus propios pensamientos y opiniones? Que te consideran desleal. Para la mente emocionalmente inmadura, que entiende que las cosas son o todo o nada, que tuvieras una opinión diferente a la suya significaba que obviamente ni los respetabas ni los querías. Por lo tanto, es probable que aprendieras a ocultarles tus pensamientos más verdaderos a estos padres tan susceptibles. El problema es que, por desgracia, como en el caso de John, quizá fuiste un poco más allá y empezaste a ocultártelos también a ti mismo para no sentirte una mala persona.

Cuando en la infancia los padres EI te enseñan que algunas ideas están prohibidas, eso puede hacer que en la edad adulta te sigas sintiendo culpable por lo que piensas. Algunos de mis clientes recuerdan la punzada de vergüenza que sentían cuando sus padres los reprendían con un «¡ni se te ocurra pensar semejante barbaridad!» o «¡cómo te atreves a pensar eso!». El mensaje que recibían era que solo serían seres humanos dignos si lo veían todo desde el punto de vista de sus progenitores. Una vez que el padre y la madre EI te convencen de que es necesario que empieces a delimitar lo que piensas y a rechazar tus pensamientos más auténticos, su mente se apropia de la tuya.

Pero tratar tus pensamientos como si fueran la medida de tu amor y lealtad a alguien es hacer muy mal uso de la mente. Cuando tu primer pensamiento es «¿estoy siendo leal?» en lugar de «¿qué pienso sobre esto?», no puedes pensar con claridad; improvisas racionalizaciones incongruentes para que tu pensamiento se ajuste a lo que exige la relación con la persona EI. Tu mente coaccionada acaba dedicándose por encima de todo a vigilar cada pensamiento, para evitar la vergüenza y proteger a toda costa la autoestima y la seguridad emocional de los demás.

— El caso de Ashley —

Ashley estaba agotada de intentar hacer su trabajo de vendedora, al que tenía que dedicar mucho tiempo y esfuerzo, y responder a la vez a las continuas exigencias de su madre, que estaba en una residencia asistida de mayores. Su madre le reprochaba que no la llamara a diario y no fuera a visitarla lo suficiente. Ashley estaba cada día más deprimida; que su madre viviera tan ajena a la dificultad de sus circunstancias la iba llenando de rabia y resentimiento, pero no se permitía poner límites porque la conciencia de culpa le hacía repetirse: «Soy lo único que tiene». La madre de Ashley vivía en un centro de mayores muy animado en el que tenía una vida social bastante activa, pero estaba empeñada en que le correspondía a su hija ser su cuidadora por excelencia y, por absurdo que fuera, Ashley lo aceptaba. Las exigencias de su madre eran como las de una niña pequeña que no quiere que la ayude nadie que no sea mamá o papá y patalea hasta que lo consigue.

Afortunadamente, Ashley acabó teniendo suficiente claridad mental como para darse cuenta de que (1) ella no era la madre de su madre, (2) su madre no estaba en posición de dictar quién debía atender sus necesidades y (3) aunque supervisaba el cuidado general de su madre, no podía estar a su disposición a todas horas teniendo un trabajo a jornada completa. Aclararse las ideas fue un enorme alivio. Ashley descubrió además que sentía menos resentimiento hacia su madre y mayor interés por que estuviera bien cuidada desde que había dejado de sentirse desleal por pensar siquiera en sus propias necesidades.

Los padres EI se empeñan en decirte lo que tienes que pensar

En lugar de respetar tu derecho a pensar como individuo, las personas EI se creen con derecho a dictar tus pensamientos tanto como les sea posible. El siguiente diagrama muestra cómo introducen su perspectiva de las cosas en tu espacio mental y apenas te dejan espacio para pensar tú.

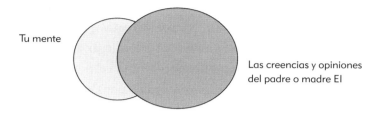

Tu mente es el círculo de la izquierda.
Las opiniones y creencias de los padres EI están
representadas por el círculo de la derecha.

La sección oculta del círculo izquierdo representa la parte de tu mente que ha quedado eclipsada por las opiniones de la persona EI. Esa parte de tu mente ha sido invadida hasta el punto de que en la actualidad te preocupa obsesivamente cómo reaccionará cualquier individuo EI que haya en tu vida a cada cosa que quieres hacer. Es comprensible que esa apropiación mental pueda causarte problemas en la edad adulta, como les ocurrió a John y a Ashley. Puede que te resulte difícil pensar cuando estás bajo la presión de la persona EI, puesto que no dispones de tu mente al completo para que las ideas surjan libremente, como se muestra en la siguiente imagen.

El área de tu mente que es capaz de pensar con independencia,
sin la presión de las personas EI.

Esta reducción del espacio mental es un problema serio, ya que el pensamiento, para ser creativo, ha de tener acceso a la totalidad de la mente y poder llegar adonde sea necesario, sin que sepamos lo que nos traerá el pensamiento siguiente. Cuando censuramos aquellos pensamientos que podrían ofender a la persona EI o hacer que se sienta atacada, la creatividad y la capacidad resolutiva se reducen. Si queremos ser verdaderamente resolutivos, no podemos poner límites al pensamiento por miedo a que alguien inseguro se disguste. Sin embargo, en cuanto *separas* tu mente de la influencia EI y deja de estar bajo su control, la mente recupera la totalidad de su territorio y la independencia, como vemos en la siguiente imagen, y las ideas vuelven a circular libremente.

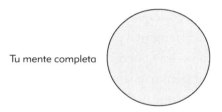

Tu mente completa

Ejercicio: Lo que significa tener la mente limitada

Observa la anterior ilustración de la mente con forma de luna menguante y escribe luego en tu diario lo que puede suponer en la práctica que tu pensamiento tenga que desenvolverse en un espacio tan reducido. Tal vez recuerdes algún momento en que te hayas encontrado en esa situación porque una persona EI te dictara lo que debías pensar. Si es así, escríbelo también. ¿Cómo te sentiste?

Las relaciones de respeto mutuo se fundamentan en que ambas partes tengan libertad para pensar. Las relaciones más satisfactorias son aquellas en las que la otra persona y tú podéis tener cada uno vuestros pensamientos y utilizar la totalidad de vuestra mente sin juzgaros ni corregiros uno a otro. En el siguiente diagrama vemos dos mentes que tienen una relación de igualdad y pueden compartir, porque ninguna de las dos domina.

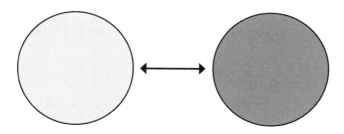

Dos mentes que comparten sus pensamientos sin que ninguna domine.

Permitirte aceptar todos tus pensamientos es el primer paso para ser tú. Un paso de gigante. El simple hecho de que *pienses* con libertad es señal de un avance significativo; no es necesario que lo verbalices ante la persona EI hasta que te resulte natural. Luego, quizá poco a poco decidas contarle lo que piensas sobre distintos temas de un modo que concuerde con tu personalidad y sea cada vez más espontáneo. Pero no fuerces las cosas. Primero, recupera tu mente.

No estás obligado a tener solo pensamientos amables

En lugar de enseñarte a pensar, los padres EI te enseñaron a juzgar lo que pensabas. Por hábito, estos padres convierten el pensamiento en una cuestión moral. Atacan cualquier pensamiento sincero que expreses espontáneamente si representa para ellos una amenaza. Harán patente lo ofendidos, insultados u horrorizados que se sienten al oírte decir eso, para dejarte claro que solo eres bueno si tienes pensamientos amables.

Es muy importante que comprendas que no tienes por qué *pensar amable*. No hay policías del pensamiento, afortunadamente, y tienes absoluto derecho a pensar cualquier cosa que se te ocurra. Tener pensamientos originales forma parte sustancial de tu individualidad, y los necesitas para ser creativo.

— El caso de Shelby —

Mi cliente Shelby tenía un sentimiento de culpa cada vez que pensaba algo «poco amable» sobre sus padres. Al final, para entender con claridad qué le pasaba con ellos, les escribió una carta ficticia (que nunca llegó a enviar) en la que hablaba del motivo por el que ya no los llamaba prácticamente nunca:

> Queridos papá y mamá:
> Os preguntáis por qué mantengo las distancias, pero no podemos tener una relación de reciprocidad si no consideráis que seamos igual de

importantes. Siempre habéis sido críticos conmigo y me habéis juzgado por todo. Estar con vosotros me ha causado un trauma. Ni siquiera me caéis bien. Me tratáis como si fuera idiota, pero la realidad es que a veces sois tan hirientes que no puedo ni pensar cuando os tengo delante. No me fío de vosotros. Si dejo que volváis a atraparme en vuestra red, me voy a aborrecer a mí misma, y a vosotros todavía más. Me hacéis sentirme siempre como una inútil, solo os oigo decir «qué mal haces las cosas». Así que tengo todo el derecho del mundo a alejarme de vosotros porque no me habéis tratado bien. Tengo derecho a cortar con vosotros y a encontrar gente agradable con la que me sienta a gusto. Es injustificable que me hagáis sentirme tan mal, solo para sentiros vosotros mejor.

Para Shelby fue un alivio escribir lo que de verdad pensaba. Tú también puedes hacer la prueba de escribir lo que realmente piensas y de aprender a tolerar cualquier sentimiento de ansiedad que surja. Es una oportunidad más para aceptar tu mente y todo lo que hay en ella. No tienes por qué enviarle esa carta a nadie.

Pero ¿y si saben lo que estoy pensando?

Los niños no se dan cuenta de que su mente es un espacio privado. Creen que los demás pueden leerles la mente y conocer sus reacciones secretas. Se lo creen al pie de la letra cuando sus padres les dicen: «Sé lo que estás pensando» o

«Tengo ojos en la nuca». Tanto es así que pueden llegar a la edad adulta con el mismo miedo irracional a que, si piensan algo desagradable sobre alguien, esa persona se dé cuenta. Pero los demás no pueden adivinar lo que piensas a menos que se plasme en tu cara o en tu comportamiento. Los estafadores lo saben muy bien.

Pero los hijos de padres EI no solo tienen miedo de que sus pensamientos se descubran y de que los castiguen por ellos, sino que además no quieren hacerles daño a sus padres; son muy conscientes de su vulnerabilidad emocional y les duele imaginar lo heridos que se sentirían si supieran lo que están pensando.

El remedio para este miedo innecesario a que se conozcan tus pensamientos secretos es pensar deliberadamente con toda libertad en presencia de la persona EI. Quizá parezca una práctica un poco extraña, pero puede darte una sensación de libertad emocional radicalmente mayor. Por ejemplo, mientras escuchas a tu padre o a otra persona EI, permítete pensar cosas como: «Eso no tiene ningún sentido», «Me estás tratando como si no supiera nada» o «No tengo por qué creerme eso». Tener tus propios pensamientos te aleja de sus intentos de dominación mental. Disfrutarás de poder pensar lo que quieras sin que ellos jamás lo sepan.

¿Vives con miedo al poder oculto de tus pensamientos?

He tenido muchos clientes a los que les costaba admitir lo que de verdad pensaban porque temían secretamente que esos pensamientos pudieran hacerle daño a alguien. Es un temor que viene de la infancia, cuando nos preocupaba que nuestros pensamientos pudieran hacerse realidad. Muchos niños tardan años en madurar lo suficiente como para darse cuenta de que los pensamientos no pueden hacerle daño a nadie. Incluso en la edad adulta, hay personas a las que les sigue preocupando y «tocan madera» para que expresar ciertos pensamientos no tenga consecuencias funestas.

Si todavía temes en secreto el poder destructivo de tus pensamientos, recuérdate que muchas personas que se encontraban en situaciones auténticamente desesperadas, mucho peores que la tuya, han sido incapaces de hacer realidad sus más fervientes deseos. No puedes hacer que las cosas sucedan solo por pensar en ellas, y nadie puede leerte la mente. Si alguna vez tienes la impresión de que alguien ha «adivinado» lo que estabas pensando, ha sido pura coincidencia.

Que te permitas pensar libremente es fundamental para tu salud psicológica y tu independencia. Por muy «malos» que te parezcan algunos pensamientos, son fenómenos naturales e inocentes con vida propia. La mente humana sana piensa sin limitaciones, así que lo más sabio es dejar que los pensamientos vayan y vengan sin apropiarnos mucho de ellos. A veces, pensar es una forma estupenda de desahogarnos; no hace daño a nadie y, de todos modos, no es algo que podamos controlar. Podemos elegir nuestros actos, pero nadie puede elegir lo que pensará a continuación.

Ningún pensamiento hace que seas malo

Desgraciadamente, hay quienes aseguran que los malos pensamientos son igual de dañinos que las malas acciones; a mí me parece que han sacado de contexto y tergiversado alguna enseñanza y han hecho de ella una lección moral. Porque los que aseguran eso *no* estarían de acuerdo en que una fantasía sea literalmente lo mismo que un comportamiento real. Esto es solo una advertencia para que no te creas sin más cualquier idea santurrona o juicio de valor sobre el tema. Es absurdo querer convencer a nadie de que hay ideas que a *nosotros* jamás podrían pasársenos por la cabeza, ya que, como seres humanos que somos, por supuesto que podrían. No tenemos control sobre los pensamientos que se nos ocurren. Solo cuenta lo que hacemos con esos pensamientos.

Separa las ideas que son tuyas del revoltijo de ideas heredadas

Si de pequeño te presionaron para que pensaras como tus padres, puede que tengas que entresacar ahora su influencia para descubrir qué ideas son verdaderamente tuyas. ¿Cuáles de los principios morales en los que crees provienen de tu conciencia y cuáles te han sido transmitidos irreflexivamente? ¿Qué ideas son el grano y qué ideas son la paja?

El proceso de limpieza mental es muy sencillo: desconfía de cualquier pensamiento que te hunda. Mucha gente cree que los pensamientos autocríticos son la voz de *su* conciencia, pero no es cierto. La conciencia genuina te orienta, no te acusa indiscriminadamente de ser malo. Una conciencia sana favorece el desarrollo moral porque te anima a corregir los errores y a reparar cualquier daño que hayas hecho. Las críticas y la culpabilización despiadadas son una falsificación de la auténtica guía interior, un simple eco del pensamiento rígido que unos padres EI te impusieron en la infancia. El verdadero papel de tu conciencia es guiarte, no atacarte.

Los pensamientos que son realmente nuestros tienen una cualidad clara y real. Hacen lo que se supone que deben hacer los pensamientos: nos ayudan a resolver un problema, a ser creativos, a protegernos y a satisfacer nuestras necesidades.

Los patrones de pensamiento heredados son muy diferentes; son como la voz de un tirano. Su carácter opresivo y culpabilizador te indica que se originaron en la coacción emocional que sufriste a edad temprana. No es tu mente natural la que te dice que tienes que ser perfecto o la que te fustiga cada vez que cometes un error. Tampoco te dice que no puedes discrepar de las autoridades bajo ningún concepto. Esas presiones, ataques y culpabilizaciones mentales son el residuo de haber vivido subyugado emocionalmente por figuras de autoridad EI.

Esto es lo que dijo mi cliente Jasmine sobre la diferencia entre sus verdaderos pensamientos y las palabras acusadoras de sus padres EI que había interiorizado de pequeña: «Últimamente he escuchado con atención a esa voz crítica y me he dado cuenta de que no es mi voz. Creía que era mía, pero he empezado a separarme de ella y a elegir pensamientos diferentes. Ahora, cada vez que oigo en la cabeza una voz que me habla mal, ¡me doy cuenta de que no viene de mí!».

Cada vez que pienses «debería...» o «tengo que...», párate y mira a ver qué quieres tú

Cada vez que te sorprendas pensando «debería hacer esto» o «tengo que hacer aquello», párate en seco y pregúntate dónde aprendiste esa regla inflexible. Luego pregúntate qué posibilidades tienes ahora. Es lo que vimos hacer a Ashley unas páginas atrás. Se dio cuenta de que el sentimiento de que «debía» estar siempre a disposición de su madre nacía de la convicción de que los caprichos de esta eran más importantes que su propio agotamiento. Había heredado la creencia de que, para una buena hija, lo primero son siempre sus padres. Ashley se sintió mucho mejor una vez que consideró racionalmente de cuánta energía y tiempo disponía y se dio cuenta de que satisfacer los deseos caprichosos de su madre no era una obligación que quisiera mantener.

Las personas emocionalmente inmaduras quieren que seas abnegado y que les des prioridad absoluta, lo cual quizá tendría sentido si fueran realmente las personas más importantes del mundo. Pero, dado que no lo son, para aclararte la ideas prueba a hacerte algunas preguntas, como: «¿Por qué me siento culpable de ser un mal hijo si no hago lo que ella quiere?» o «¿Demuestra algún respeto hacia mí lo que me pide que haga por ella? ¿Es razonable que espere eso de mí?». Esto te ayudará a identificar las interferencias mentales y a ver con más ecuanimidad la situación. Como persona adulta que eres, tu prioridad es ocuparte de tu propia salud emocional, no ganarte el beneplácito de alguien que quizá sin la menor consideración te está pidiendo más de lo que tú buenamente puedes darle.

Las apropiaciones emocionales sufridas a edad temprana pueden dar lugar a un estilo de pensamiento depresivo

Hacer que los niños se sientan culpables o avergonzados los inmoviliza emocionalmente y crea en ellos un estilo de pensamiento depresivo. No obstante, puedes librarte de esos estados de impotencia emocional si comprendes que su origen está en las coacciones emocionales que emplearon contigo tu padre o tu madre EI. Una vez que identifiques los pensamientos depresivos por lo que son, y sepas de dónde provienen, podrás sustituirlos por pensamientos más realistas, estimulantes y fortalecedores.

En su libro *Sentirse bien*,* el psiquiatra David Burns analiza cómo piensan las personas desalentadas y cómo utilizar la autoterapia cognitiva para transformar los pensamientos depresivos. Tanto si la depresión tiene un origen físico como psicológico, los pensamientos depresivos están llenos de coacciones autoimpuestas, y parece que no tuviéramos más remedio que aceptar una vida que no nos gusta demasiado. Son muchas las personas que tienen la mente repleta de pensamientos extremos —o todo o nada— heredados de sus padres EI.

Para deshacer los pensamientos depresivos, Burns nos recomienda crear deliberadamente pensamientos más motivadores, razonables y flexibles. El propósito es entrenar la mente para que de inmediato contrarreste con razonamientos y perspectiva cualquier pensamiento extremo o desesperado, de forma similar a como un abogado defensor interrogaría al testigo de su oponente (Burns 1980).

La autoterapia cognitiva de Burns es eficaz porque te ayuda a detectar las raíces derrotistas e irreales de tu pensamiento y te impulsa a cambiarlo de forma activa e intencionada. En lugar de escuchar a cada uno de tus pensamientos

---

* N. de la T.: Título original: *Feeling Good*, 1980. Versión en castellano: Editorial Paidós, 2010.

desmoralizadores como si fueran hechos, puedes identificarlos como pensamientos negativos y rebatir su visión distorsionada de la vida. Puedes reformular los pensamientos desesperanzados, críticos y desalentadores, y transformarlos en ideas más realistas y esperanzadoras.

Por ejemplo, si tienes un pensamiento exagerado y pesimista como: «Nunca terminaré este trabajo», párate y piensa algo más realista como: «Si sigo haciendo una parte cada día, llegará un momento en que el trabajo esté terminado». Si piensas: «Esta vez he metido la pata hasta el fondo; no soy capaz de hacer nada bien», párate y pregúntate si es realmente cierto (no lo es), y ten un pensamiento más comprensivo: «He cometido un error porque he tenido la valentía de intentarlo; voy a ver cómo lo arreglo, y luego pruebo a hacer algo distinto». Si ocurre algo inesperado que te desestabiliza por completo, en vez de pensar: «Se acabó; esto no lo voy a superar jamás», puedes decirte: «No se acaba el mundo, pero es una sacudida muy fuerte. Encontraré las fuerzas para superarlo poco a poco».

La ansiedad y la preocupación son tipos de interferencia mental

Las interferencias que aparecen en tu radar mental son pensamientos que originalmente no te pertenecen. Son ellos los que dan lugar a la autocrítica y te provocan sentimientos de vergüenza, miedo, preocupación obsesiva, desesperanza, impotencia y pesimismo. Los llamo interferencias porque en un principio no formaban parte de ti y no tienen nada que ver con el funcionamiento natural de tu mente. Solo crean distorsiones y confusión. Considéralos simples residuos de las coacciones emocionales que emplearon contigo tus padres EI. Estos padres suelen fomentar en sus hijos el pensamiento desmoralizador porque así estos se dejan controlar más fácilmente.

Es muy importante que sepas distinguir si un pensamiento es de verdad tuyo o si es herencia de familia. Ten en cuenta que algunos de los pensamientos que más ansiedad te crean podrían provenir de los miedos transmitidos de generación en generación y cuyo propósito, originalmente, era proteger a tus antepasados remotos en un entorno hostil. Contempla esos pensamientos desmoralizadores e inhibidores como si fueran muebles desvencijados y polvorientos que cada nueva generación ha ido heredando de la anterior. Tal vez decidas ser el primero de la familia en decir que no los quieres.

La preocupación obsesiva es otro tipo de pensamiento que proviene de ser hija o hijo de unos padres emocionalmente inmaduros y haber tenido que vivir alerta en todo momento a sus repentinos cambios de humor. Cuando la desesperación o el enfado de una madre o un padre te hacen perder por completo el sentimiento de seguridad emocional, aprendes a obsesionarte con el malestar de cualquier persona cercana, a preguntarte obsesivamente qué la altera tanto y cuáles podrían ser las consecuencias. Le das vueltas a qué deberías hacer para arreglar su situación.

Por desgracia, preocuparte por el estado de ánimo de los demás te impide centrarte en lo que tú sientes y piensas. Sería mucho más productivo que dejaras de preocuparte y contemplaras cómo es la interacción con esa persona.

Podrías preguntarte: «¿Cómo me gustaría que me tratara? ¿Cómo me está afectando esta situación? ¿De verdad me merezco que se comporte así conmigo?». Eso es pensar con libertad y considerarte igual de importante que ella.

Cada vez que empiece a obsesionarte la duda de si una persona está descontenta contigo, da un giro y contempla las cosas desde tu punto de vista, y escribe cómo te hace sentirte *a ti* su comportamiento. En vez de intentar ponerte en su lugar, ponte en el tuyo y averigua lo que opinas tú de la situación, en vez de creerte sus críticas al pie de la letra. Tener tus propios pensamientos te permite ver lo que quieres de la situación y planificar el resultado que deseas. Utilizar la mente con energía y deliberación despeja el camino para que busques tu propia felicidad, en lugar de vivir preocupándote en vano por encontrar la forma de aplacar a las personas emocionalmente inmaduras.

Dialogar contigo es el pase a la claridad mental

Hablar contigo mismo en la intimidad de tu mente es la manera más eficaz de cambiar tus estados de ánimo y tu forma de pensar. Puedes utilizar ese diálogo íntimo para definir tus deseos, superar las decepciones y determinar tus objetivos. Solo asegúrate de que lo que te dices te ayuda a enfocarte en lo que tú quieres y en lo que realmente te importa a ti.

En situaciones de dominación emocional, el diálogo sincero contigo mismo te ayuda a encontrar la salida. Tu voz interior es igual de certera que la voz del GPS que nos indica el camino. Hablar contigo mismo te ayuda a aclarar tus intenciones y a establecer objetivos que te importan de verdad. Si las personas EI te han sometido a una dominación emocional que te ha hecho anteponer sus intereses a los tuyos, ahora puedes darle la vuelta a esta situación dialogando contigo mismo sobre nuevas respuestas y comportamientos.

Si vives en diálogo contigo mismo, es imposible que te desconectes de ti

El diálogo interior es lo que te mantiene en contacto contigo mismo cuando una persona EI trata de hacerse con el control. Supongamos que has ido a visitar a tus padres y reaccionan mal a algo que dices. Sus críticas podrían desencadenar en ti una reacción infantil y hacer que te sintieras inmovilizado e impotente. Pero si estás preparado para sus previsibles tácticas de dominación, puedes mirarlos a la cara sin inmutarte y oírlos hablar sin que afecte a tus opiniones. No te sorprende su comportamiento ni renuncias a tu mente adulta y dejas que te dominen. Te mantienes en contacto contigo mismo y observas.

Si alguien desaprueba lo que dices, en ese momento puedes recordarte que estás en tu derecho a tener pensamientos y deseos propios. Si tratan de hacer que te sientas culpable por tus ideas o critican tus principios, puedes recordarte que tu valor como persona no está abierto a debate. Eres capaz de mantenerte firme en tus convicciones independientemente de lo que digan y sabes que su disconformidad no dice absolutamente nada sobre tu valía humana. El diálogo interior es el puente que te reconecta con tu verdadero yo y te lleva de vuelta a la confianza en ti mismo.

El diálogo contigo mismo revierte el lavado de cerebro

Los padres EI consideran que tienen razones de peso para lavarte el cerebro y que adoptes su punto de vista. Así que empiezan por provocarte, para que te enfades y te pongas a la defensiva y seas incapaz de razonar. En esas condiciones, eres más vulnerable y, en definitiva, más fácil de convencer.

Para neutralizar estos intentos de dominación mental y emocional, apelas a la mente analítica y cuidas de mantenerla perceptiva y despierta. De este modo puedes contrarrestar el impulso de retraerte y entrar en una especie de nebulosa en cuanto una persona EI se enfada contigo. En vez de cerrarte, puedes ir haciéndote observaciones mentales sobre su comportamiento, como si fueras un antropólogo tomando notas. Este diálogo analítico contigo mismo te anclará en la parte objetiva y adulta del cerebro, que es capaz de ver con transparencia las artimañas que emplea esa persona para controlarte.

En ese diálogo interior, una vez que eres capaz de identificar con precisión el comportamiento del individuo EI como lo que es, su intento de controlarte emocionalmente fracasa. El pensamiento analítico y la lealtad a uno mismo son precisamente las armas que utilizan los prisioneros de guerra y otras víctimas de regímenes totalitarios para conservar la integridad y seguir siendo fieles a sus creencias a pesar de los años de malos tratos, abusos o encarcelamiento.

Tres situaciones en las que dialogar contigo mismo de inmediato

Hablar contigo mismo te da fuerza emocional. Sin embargo, quizá te cueste establecer ese diálogo interior cuando te sientas presionado por las expectativas coercitivas de una persona EI, así que estos son algunos ejemplos de frases que puedes utilizar:

1. Cuando sientas que directa o indirectamente alguien te culpa de no hacer lo suficiente, dite a ti mismo:

    No he hecho nada malo. Puedo seguir escuchándolo, pero no voy a asumir la culpa.

    Yo no soy malo, y ella tiene algún motivo oculto para convencerme de que sí.

    No es responsabilidad mía que esté decepcionada. Se había creado unas expectativas irracionales.

    Pronto esto habrá quedado atrás, aunque ahora él quiera hacerme creer que no podrá superarlo nunca.

    Espera de mí más de lo que tengo capacidad de dar. No hay forma de que pueda hacer todo lo que me pide; y aunque pudiera, no creo que quisiera hacerlo. Lo que quiere que haga me dejaría extenuado.

2. Cuando alguien pierda el control emocional, dite a ti mismo:

    No es culpa mía que no sea capaz de controlar sus emociones.

    Está fuera de sí, pero yo sigo estando bien. El mundo sigue girando.

    Por mucho que monte en cólera, no significa que tenga razón en esto.

    Por muy disgustados que estén, no es motivo para dejar que me dominen.

    Lo que dice es una exageración.

    Intentan convencerme de que esta es su ruina definitiva. No lo es.

3.   Cuando alguien intente dominarte y controlar tu pensamiento, recuérdate a ti mismo:
     Mis necesidades son tan legítimas e importantes como las suyas.
     Como personas adultas, somos iguales.
     Mi vida no le pertenece. Tengo derecho a no estar de acuerdo con él.
     Soy yo el que elige a quién y a qué ser leal; no pueden exigirme que la lealtad a ellos sea lo primero.
     Mi valía humana no está definida por lo que él opine de mí.
     Son simplemente sus opiniones; yo no soy propiedad suya.

Si durante la interacción con una persona EI te hablas de esta manera, mantienes contigo mismo una conexión sólida que esa persona no podrá romper. Hablarte de esta manera te ayuda a mantener una perspectiva realista y te recuerda que tu mundo interior y tus necesidades son tan importantes como los de esa persona.

Una vez que has despejado la mente de interferencias, ¿con qué vas a llenar el espacio que han dejado?

Imagina que tu mente es una caja en la que caben solo cierto número de pensamientos. Esto significa que cuanto más aumente un determinado tipo de pensamientos, menos espacio quedará para otros. Así que tu principal objetivo es enfocar la atención en tal cantidad de experiencias agradables que no quede sitio para los patrones de pensamiento negativos.

Aumentar intencionadamente el tiempo que dedicas a pensar en cosas amenas, que te hacen disfrutar y te abren un mundo de posibilidades, va alterando la proporción de elementos dañinos y placenteros que dan forma a tu estilo de pensamiento. Cuanto más intensamente saboreas las experiencias positivas, más inmune te vuelves a las tácticas de las personas EI, que se sirven del miedo, la culpa y la vergüenza para controlarte mental y emocionalmente. En su libro *Cultiva la felicidad*,* el neuropsicólogo Rick Hanson explica la transformación que se produce en el cerebro cuando amplificamos los pensamientos de placer y gratitud. Dice que si a lo largo del día experimentas deliberadamente pensamientos felices, aunque solo sea durante unos segundos cada vez, puedes reconfigurar a nivel neurológico los patrones de pensamiento habituales.

Así es. Como explica Hanson, cuanto más tiempo pases saboreando tus experiencias placenteras, más entrenarás a tu cerebro en unos hábitos mentales que te hagan sentirte bien. Ya no dependerá de los demás que tengas un buen día o te sientas una persona valiosa. Con solo centrarte conscientemente en lo que te gusta y valoras de ti, tienes el poder de cambiar tu estado de ánimo.

La investigadora Diana Fosha (2000) ha visto que es mucho más probable que experimentemos una transformación emocionalmente sanadora en momentos o situaciones en que nos sentimos intensamente vivos y optimistas que cuando estamos sumidos en la negatividad y la autocrítica. Dedicar la atención a conocernos y a reafirmarnos luego con experiencias positivas no es escapar de la realidad; es

---

* N. de la T.: *Hardwiring Happiness,* 2013. Versión en castellano: Editorial Sirio, 2015.

lo que necesitamos para cambiar y poder dar lo mejor de nosotros.

Expandir e intensificar los momentos de felicidad refuerza, además, tu individualidad y tu autonomía. Cuando rememoras deliberadamente experiencias felices y revives aquel sentimiento, tienes control sobre tu estado de ánimo y tu autoestima. Todos estos pequeños momentos de felicidad que saboreas intencionadamente te hacen sentirte más dinámico y capaz. Tu sensación de ti mismo cambia y empiezas a verte como una persona activa e independiente, por lo cual será más difícil que te dejes coaccionar o controlar emocionalmente o que te influyan los campos de distorsión de las personas EI.

Lo importante es no solo que tengas pensamientos más felices, sino que despiertes en tu interior una sensación de autonomía, de inocencia y de calidez. Una vez que descubras que puedes cambiar tu estado interior con solo enfocar la atención en aquello que te hace sentirte auténticamente bien, no te sentirás tan dependiente de relaciones que en realidad te dan muy poco. Podrás vivir contigo mismo experiencias reconfortantes que te den una sensación de eficacia y autonomía y te hagan sentirte más feliz.

Aspectos destacados que recordar

Las personas EI suelen hacer que te sientas culpable por no cumplir sus expectativas y avergonzado además por tener pensamientos propios, lo cual puede acabar anulando tu capacidad para pensar con independencia. Despejar la mente de los pensamientos residuales que han ido acumulándose tras las sucesivas apropiaciones emocionales de unos padres EI te devolverá la libertad mental. Parar en seco los «tendría que» y los «debería» es el primer paso para evitar que los pensamientos depresivos tomen el control y empezar a decidir tú. Darte cuenta de que tu mente es un espacio privado en el que solo tú sabes lo que ocurre, y de que los pensamientos por sí solos no pueden causar daño, es una invitación aún más firme a pensar con libertad. El diálogo interior te ayuda además a mantenerte conectado contigo mismo y a frenar al instante cualquier intento de dominación emocional. Cuanto antes empieces a enfocar tus pensamientos en experiencias que confirmen tu bondad y te hagan sentirte feliz, antes saborearás el placer de recuperar tu mente.

Capítulo 9

Actualiza el concepto que tienes de ti

Cómo corregir las distorsiones y afianzar la seguridad en ti misma

El concepto que tienes de ti misma es la base de todo lo que puedes llegar a creerte sobre ti y de lo que te permites llegar a ser. Este concepto de ti está determinado en buena medida por cómo te trataron en la infancia. El comportamiento que tenían contigo tus padres y otras personas cercanas te iba contando un cuento sobre quién creían que eras. De niña, no tenías más remedio que aprender de ti a través de sus ojos. Pero los padres EI no contribuyen demasiado a que sus hijos puedan desarrollar un concepto realista de sí mismos porque tienden a no ser muy conscientes de sus auténticas cualidades, aptitudes e intereses.

Estos padres esperan que vayas haciéndote mayor de una manera que responda a lo que ellos creen que deberías ser. Con unos progenitores como estos, es difícil que el conocimiento que vas teniendo de ti refleje con precisión todo lo valioso que hay en la niña que eres; lo más probable es que, por el contrario, te juzgues solo en función de si has cumplido o no sus expectativas. Tristemente, los padres EI suelen desanimar a sus hijos con comentarios negativos que los hacen sentirse inferiores. Por eso es tan importante corregir estas ideas falsas que desarrollaste sobre ti para que puedas vivir con más autenticidad, desarrollarte como persona y tener una conexión más profunda contigo y con los demás.

A los padres emocionalmente inmaduros, la individualidad de cualquiera les trae sin cuidado, por lo que no es probable que te enseñaran mucho sobre ti. Suelen hacerse una idea grupal de las personas porque ven entre ellas más parecido del que realmente tienen. Pasan por alto las complejidades individuales y dicen cosas como: «¡Eres igual que tu padre!» o «Tú has salido a mí y a mi familia». Creen que te conocen porque les recuerdas a alguien, así que te encasillan en un concepto que en realidad no tiene demasiado que ver contigo. Si creciste con unos padres EI, te dijeron lo que tenías que ser, no te ayudaron a descubrir quién eras.

Pero ahora, como persona adulta, puedes expandir ese concepto de ti para que incluya todo tu potencial y tu complejidad, aunque tus padres o cualquier otro individuo EI sigan encasillándote en una identidad ridículamente simplificada o infantil. No tienes por qué seguir sintiéndote menos de lo que eres. Afortunadamente, el concepto que ahora tengas de ti ya no va a estar ni influenciado ni controlado por las opiniones de tus padres. Ahora eres libre de descubrir quién eres y qué quieres ser, y puedes actualizarlo para que se ajuste a lo que realmente eres.

No obstante, primero vamos a examinar brevemente cómo era el clima emocional de tu infancia que influyó en el concepto que te formaste de ti. Esto te ayudará a entender lo que piensas de ti en la actualidad y a liberarte de una identidad obsoleta basada en cómo te trataron entonces.

Ejercicio: El concepto que tenías
de ti en la infancia

Date tiempo para recordar con detalle y escribe en tu diario las respuestas a las siguientes preguntas.

- ¿Qué concepto tenías de ti cuando eras niña?
- ¿Cómo te veías cuando estabas con otros niños?
- ¿Te ayudaron tus padres a identificar y desarrollar tus cualidades?
- ¿Tenías una identidad clara, o eras simplemente «uno de los niños»?
- ¿Te animaron a pensar en el futuro y a imaginar la vida que más querías tener de mayor?
- ¿Te preguntaron qué era lo que más querías aportar al mundo?
- ¿Te trataron como si fueras a conseguir tus sueños y a ser una persona generosa y querida?

A continuación, lee las respuestas y reflexiona sobre lo que has escrito. ¿Qué reacciones te provoca? ¿Cómo crees que pudo afectar tu infancia al concepto que tienes de ti en la vida adulta?

Lo bueno es que ahora puedes contrarrestar y reparar la influencia negativa que han tenido aquellas vivencias en cómo te has visto a ti misma a lo largo de los años. Si debido a su inmadurez emocional tus padres no te pudieron ayudar a conocerte con objetividad en la infancia, puedes hacerlo ahora tú sola en la edad adulta.

Protege tu concepto adulto de ti misma

Como decía, los padres EI ven en sus hijos cualidades que coinciden con sus deseos. Por lo tanto, es posible que en la infancia te hicieran creerte cosas sobre ti que no eran ciertas. Pero ahora, como persona adulta, puedes formarte conscientemente una idea de ti que se ajuste más a la realidad y que te ayude a vivir.

Es importantísimo hacerlo, porque la manera en la que te ves repercute en todos los aspectos de tu vida. ¿Te has permitido tener como mujer adulta una vida de autoafirmación? Porque si no te consideras valiosa, no tomarás el control de una situación cuando tengas que hacerlo. Si no te consideras interesante, ¿cómo vas a comunicar algo que resulte atractivo o a tener relaciones de intimidad emocional que te llenen? Si no eres capaz de protegerte, ¿cómo vas a sentirte segura estando con nadie?

Veamos ahora cómo corregir algunas ideas distorsionadas que tenemos de nosotros mismos por haber crecido con unos padres EI.

Asume que ahora eres una persona adulta con autoridad

Muchos padres EI nunca llegan a reconocer a sus hijos como adultos de pleno derecho. Socavan deliberadamente su dignidad haciéndolos sentirse tontos o presuntuosos por tomarse a sí mismos en serio, y la consecuencia es que estos hijos e hijas adultos acaban no atreviéndose a hacer valer su autoridad e independencia adultas. Sin la aprobación de sus padres para hacerse mayores y ser sus iguales de pleno derecho, estos hijos ejercen su autoridad con torpeza.

— El caso de Jonelle —

A Jonelle le encantaba su trabajo de ejecutiva y se desenvolvía en él como pez en el agua, pero su ayudante Todd le impedía ser todo lo eficaz que le hubiera gustado porque la interrumpía con preguntas innecesarias y le hablaba de asuntos personales cada vez que encontraba la ocasión.

Era obvio que Jonelle tenía que establecer unos límites claros, pero Todd le daba pena, así que lo escuchaba siempre que él tenía ganas de hablar. No solo eso, sino que ella misma empeoraba las cosas preguntándole a cada poco qué tal iba con lo que estuviera haciendo en ese momento. No era capaz de contenerse, aunque en realidad estaba pensando ya en sustituir a Todd.

El verdadero problema era que Jonelle no sentía que tuviera autoridad de adulta. Seguía viéndose como la niña salvadora que en medio de una familia numerosa se encargaba de consolar a su madre, siempre insatisfecha y deprimida. Aquel concepto que tenía de sí misma se traslucía ahora mientras me explicaba por qué toleraba a Todd: «Es que él tiene que quedarse en la oficina mientras que a mí el trabajo me da la oportunidad de viajar y divertirme. En realidad me siento culpable por ser su jefa y ganar mucho más que él. Me duele pensar que pueda sentirse despreciado; quiero que sepa que puede contar conmigo». La idea de que Todd podía ofenderse y sentirse despreciado si su jefa le pedía que por favor la dejara de interrumpir provenía directamente de la relación que había tenido con su madre.

Sin embargo, una vez que Jonelle comprendió que ese concepto obsoleto de sí misma le estaba impidiendo ser todo lo eficiente que podía, abandonó el sentimiento de culpa, reivindicó su autoridad de adulta y estableció los límites necesarios con Todd.

Ahora observa tu vida y mira a ver si hay situaciones en las que dudas en afirmar tu autoridad legítima por miedo a que alguien se sienta despreciado. Afortunadamente, lo puedes cambiar, porque está en tu mano superar las influencias de la infancia y seguir desarrollándote (Vaillant 1993). Con tus capacidades naturales y la ayuda de gente que te asesore, puedes construir un nuevo concepto de ti de persona fuerte y ocupar con soltura puestos de autoridad, aunque tus padres no te vieran o te vean así.

No eres una impostora

El *síndrome del impostor* (Clance e Imes 1978) hace que te resulte difícil sentirte plenamente dueña de tus logros, porque no *sientes* que procedan de ti. Temes secretamente que se descubra que eres un fraude, como si fueras una niña escondida bajo tu disfraz. Sin embargo, el verdadero problema quizá sea que no has actualizado conscientemente el concepto que tenías de ti en la infancia.

Es posible que también te sientas una impostora en las relaciones y que te cueste entender que los demás te quieran. Por ejemplo, una cliente se quedó anonadada cuando sus amigos la sorprendieron con una gran fiesta de cumpleaños. No se sentía lo bastante importante como para que la honraran así, y dijo: «No lo entiendo, pero gracias».

Muchos hijos adultos se sienten en el deber de proteger el narcisismo de sus familiares; les violenta la idea de desafiar su derecho al protagonismo. Estos hijos e hijas adultos quitarán importancia a sus logros en cuanto el foco los ilumine a ellos. En lugar de sentirse orgullosos, piensan: «Este en realidad no soy yo». Se impiden saborear sus logros y expresar satisfacción para que la atención general no se desvíe de ese familiar egocéntrico.

Que tengas la sensación de ser una impostora —una sensación obviamente distorsionada, porque el trabajo *sí* lo hiciste tú y esa *era* tu fiesta— es comprensible si creciste con el convencimiento de que no eras tan interesante como algún miembro EI de tu familia que se sentía con derecho a acaparar la atención.

Un ejemplo de esto es el padre que asistió a la ceremonia de entrega de premios en la que se galardonaba a su hija, pero desde el momento en que se sentó empezó a quejarse de la cantidad de gente que había, de que aquello no terminaba nunca y de que se estaba perdiendo el partido de béisbol que televisaban esa noche. O la madre que no paraba de resoplar y repetir en tono ofendido lo increíblemente desconsiderado que era que la universidad celebrara la graduación de su hijo justo el fin de semana del Día de la Madre. Tanto el uno como la otra comunicaron con esto que era más importante su satisfacción personal que los logros de sus hijos.

Pero que las personas EI no participen contigo de la alegría por tus éxitos no es razón para que tú quites valor a los logros que has alcanzado como persona adulta. En realidad, con unos padres como estos, tienes que valorar tus logros todavía más. No te desanimes cuando intenten acaparar toda la atención. Saborea al máximo cada uno de tus éxitos e incorpóralos al nuevo concepto de ti.

Protege a tu yo adulto de las distorsiones parentales

Los padres EI ven a sus hijos a través de sus propias proyecciones. Como consecuencia, posiblemente les transmitan una imagen distorsionada de lo que son. A veces el grado de distorsión es casi increíble.

Por ejemplo, Lily había sufrido de anorexia nerviosa durante toda la adolescencia, ayudada por la obsesión patológica de su madre con la comida y el peso. Aunque Lily estaba peligrosamente delgada, su madre insistía en que evitara aquellos alimentos que tenían demasiadas calorías. Incluso después de que en la edad adulta Lily resolviera sus problemas de imagen y recuperara un peso normal y saludable, cada vez que visitaba a su madre corría el riesgo de que se reactivaran los pensamientos que la habían conducido a la anorexia, ya que la madre seguía haciendo comentarios velados sobre los muslos de su hija y otras cuestiones relacionadas con el peso. Cada vez que estaba en contacto con la preocupación de su madre por la gordura, Lily volvía a obsesionarse con las dietas y el ejercicio. Al final, llegó a la conclusión de que, si quería tener salud, no podía ver a su madre con regularidad.

Cómo actualizar el concepto de ti misma

Tener un autoconcepto realista te permite apreciar tu complejidad y lo que aportas al mundo como la persona única que eres. Para actualizar la idea que tienes de ti, empieza por lo siguiente:

1. Establece tu valía.
2. Identifica tus valores y tu filosofía de vida.
3. Rellena los espacios en blanco sobre quién eres.
4. Define tus características personales.
5. Busca modelos de conducta y personas que te orienten.

Cuando empieces a trabajar en cada uno de estos aspectos, te sorprenderá lo mucho que descubres sobre la persona que eres, y eso te permitirá formarte un nuevo concepto de ti mucho más definido y fuerte.

1. Establece tu valía

La calidad de tu relación contigo misma y con los demás depende de la estima que te tengas y de cuánto te valores.

Ejercicio: ¿Qué opinión tienes de ti?

Para saber lo que opinas de ti, primero siéntate tranquilamente e intenta entrar en tus sentimientos más profundos. Luego lee cada una de las siguientes preguntas y escribe en tu diario la primera respuesta que te venga a la mente. Procura responder desde el corazón, no desde el intelecto.

> ¿Soy buena?
> ¿Soy capaz?
> ¿Soy suficiente?
> ¿Soy importante?
> ¿Despierto amor en los demás?

Ahora reflexiona sobre tus respuestas. Si has tenido unos padres emocionalmente inmaduros, puede que hayas respondido a una o más de estas preguntas con un no. Sería comprensible que fuera así, ya que dudar de lo que valemos como personas es la consecuencia natural de la culpa y la vergüenza que nuestros padres nos hicieron sentir en la infancia. Lo bueno es que puedes actualizar el concepto que tienes de ti y la idea de lo que hace valioso a un ser humano.

2. Identifica tus valores y tu filosofía de vida

La calidad de tu vida estará determinada por tus valores y tu entendimiento esenciales de cómo funciona todo. ¿Cuáles dirías que son los factores que conducen a una vida feliz y con sentido? Probablemente lo sepas a nivel subconsciente, pero ponerlo en palabras te dará fuerza. Veamos qué valores y creencias fundamentales tienes.

Ejercicio: En qué crees

No hay respuestas correctas en este ejercicio; responde lo que sea verdad para ti en este momento. El objetivo es revelar tu actual filosofía de vida y que, por tanto, te conozcas mejor. Completa las siguientes frases en tu diario:

El propósito de la vida es...
El secreto de las buenas relaciones es...
El éxito les llega a quienes...
No puedes tener una vida con sentido a menos que...
La mejor fuente de autoestima es...
Valoro...
Una vida feliz incluye...
Es importante creer...
Para tener éxito en la vida, es necesario...
Está muy mal...
El principio que me guía es...
Para mejorar como ser humano hay que...

Todas ellas apuntan directamente a la sensación básica que tienes de ti y del mundo, así como a la calidad de tu relación contigo misma. Una vez que hayas completado las frases, pregúntate cómo puede haber afectado tu filosofía al curso de tu vida, para bien o para mal.

3. Rellena los espacios en blanco sobre quién eres

Lamentablemente, cuando un padre o una madre no reconoce las cualidades positivas de su hijo, el niño no incorpora esas facetas suyas al concepto de sí mismo que se va formando (Barrett 2017). Es como si quedara un gran espacio en blanco allí donde hubiera debido estar una parte de su yo. Por ejemplo, mi cliente Francine aceptaba con gusto cualquier elogio sobre su trabajo, pero en cuanto las palabras de alabanza se referían a *ella* y a sus cualidades positivas como persona, se retraía. Ella no se veía así, de modo que hacía de inmediato algún comentario irónico o se reía y convertía la alabanza en un chiste.

Francine me dijo que los elogios iban directos a un vacío que sentía en su interior: «No me considero valiosa ni interesante. Creo que a la gente no le importo, y no creo que nadie me convencerá jamás de lo contrario». Reconocía que su novio la trataba como si le importara, pero ella no se lo acababa de creer; tenía miedo de que en cualquier momento descubriera que no era tan estupenda como él imaginaba y viera que en realidad era «demasiado problemática» como para que valiera la pena estar con ella. Este sentimiento estaba asociado con la actitud distante del padre de Francine, que cuando era niña le había dejado claro que no tenía tiempo para dedicarle. Cuando le pregunté si se consideraba capaz de despertar amor en los demás, reflexionó un momento y luego dijo: «No, es como si tuviera un agujero ahí. Un vacío completo».

Otra cliente, Caitlyn, se quedó atónita cuando un miembro del grupo de la iglesia al que pertenecía le dijo que daba unos abrazos maravillosos y sabía escuchar de verdad. Oír aquello la desconcertó, porque «la verdad es que no soy precisamente una persona generosa», me dijo. Este concepto distorsionado de sí misma lo había aprendido de su madre, una mujer deprimida y hosca que estaba demasiado amargada como para apreciar las cualidades de su hija. Caitlyn *sí* era una persona generosa, solo que su madre nunca lo supo ver.

Aunque ni Francine ni Caitlyn habían tenido de niñas unos padres que reconocieran sus mejores cualidades, las dos acabaron aceptando como suyas aquellas cualidades que siempre lo habían sido, pero que hasta entonces no se habían permitido reconocer. Francine aceptó que, con solo ser quien era, despertaba amor en los demás y Caitlyn se dio cuenta de que con frecuencia era cálida y generosa. Ambas mujeres se sintieron admiradas y agradecidas de que «despertar amor en los demás» y «ser generosa» fueran un aspecto real de sí mismas. Que sus padres no reconocieran esas cualidades no significaba que no hubieran estado siempre en ellas.

Si no recibiste de tus progenitores demasiados comentarios elogiosos, es probable que tú también tengas más cualidades de lo que crees. Pero como en el caso de Francine y de Caitlyn, si no reivindicas esos rasgos de ti, puedes acabar negando tu potencial con pensamientos limitadores como: «Esa no soy yo. Yo no soy así. No soy precisamente una persona…». Y si te felicitan por un trabajo, puede que incluso digas: «No sé cómo he sido capaz de hacerlo». Pero que no reconozcas algo de ti no significa que no sea real. Tal vez nunca has sabido que tenías esa cualidad porque nadie la nombró.

Si creciste con unos padres EI, te recomiendo que cuestiones cualquier pensamiento limitador sobre ti misma, cualidades que crees que no tienes o cosas que no te atreverías a probar a hacer jamás. ¿Es esa limitación una realidad en ti o proviene de las personas emocionalmente inmaduras que ha habido en tu vida?

4. Define tus características personales

Los padres EI tienen un vocabulario muy limitado para referirse al mundo interior en general y a los atributos positivos en concreto. Debido a esta dificultad para hablar del mundo psicológico de sus hijos con palabras representativas, en lugar de transmitirles verbalmente una imagen detallada de sus cualidades y características, hacen alusión a su conducta con términos vagos y genéricos, como *bueno*, *malo*, *idiota*, *listo* o *simpático*. En consecuencia, sus hijos no aprenden palabras suficientes para describirse ni para hablar de sus sentimientos, lo cual puede ser un inconveniente más adelante en la vida, cuando la capacidad para verbalizar sus cualidades tal vez los ayudaría a conseguir trabajo o a atraer a una pareja.

Ejercicio: Ponte en palabras

Vamos a empezar a armar un concepto de ti más realista y más completo. Para que te resulte más fácil encontrar palabras que te describan con precisión, puedes consultar la lista de características de la personalidad que aparece, por ejemplo, en https://www.ejemplos.co/ejemplos-de-adjetivos-de-personalidad/. Aunque solo utilices un pequeño número de los adjetivos listados, tendrás un extenso vocabulario del que elegir.

Esta vez, en lugar de escribir en tu diario, te recomiendo que emplees hojas sueltas, para que puedas escribir todo lo que quieras en cada página y extender luego las hojas sobre una mesa, retroceder un poco y verlas todas a la vez.

1. *La idea que tu familia tenía de* ti. Piensa en quién eras de niña desde el punto de vista de cada miembro de tu familia: tu padre, tu madre, tus cuidadores y tus hermanos. Escribe cómo crees que te veía cada uno de ellos cuando eras pequeña. ¿Qué adjetivos habrían utilizado para describirte?
2. *Lo que ahora* tú *sabes de ti.* En una hoja distinta, escribe tantas características tuyas actuales como puedas. Incluye todas tus cualidades internas y atributos externos.
3. *Quién quieres ser* tú. En otra hoja, describe cómo quieres ser en el futuro. Qué características quieres reforzar y qué tendencias quieres reducir. ¿Qué tipo de persona aspiras a ser de aquí a unos años?

Compara estas tres hojas y escribe en tu diario las impresiones que saques. ¿Ves la trayectoria de desarrollo de quien eres, del pasado al presente y al futuro? Ponerte en palabras de esta manera es una magnífica forma de apreciar todo lo que has llegado a ser y estás llegando a ser.

Mientras te ocupas de tus asuntos a lo largo del día, mira a ver si hay otras palabras de la lista de adjetivos de Internet que definan características tuyas. Busca sinónimos de esas palabras y comprueba también si alguno se ajusta a ti. Con el tiempo, tendrás un vocabulario más amplio y preciso para describirte. Puedes pedirles además a tus amigos que te echen una mano: cuéntales lo que estás haciendo y pregúntales con qué palabras te describirían ellos. Descubrir palabras que vayan completando y detallando tu concepto de ti misma es un emocionante proceso de valoración que puede continuar el resto de tu vida.

5. Busca modelos de conducta y personas que te orienten

Los modelos de conducta y los mentores te pueden ayudar a expandir tu concepto de ti. Si quieres evolucionar interiormente, relaciónate con personas que te despierten admiración y aprende observándolas. Pasa tiempo con gente que tenga cualidades que en tu concepto de ti misma quieras cultivar. Piensa en cada relación como una oportunidad para convertirte en una mejor versión de ti misma, y elige compañeros que contribuyan a hacerlo realidad.

Te sorprenderá descubrir cuántas personas están dispuestas a servirte de modelo o a transmitirte lo que ellas han aprendido. Si te anima la idea de seguir evolucionando interiormente, busca a alguien que tenga un conocimiento profundo de la vida y quiera formar parte de tu viaje. Podrías asistir a clases de algún profesor o profesora que te interese o ponerte en contacto con alguien de las proximidades que haya escrito un relato que te haya resultado inspirador. Piensa en qué te gustaría aprender de ellos para que tus peticiones sean específicas.

Llama o escribe a esas personas que admiras y pregúntales si estarían dispuestas a responder a tres preguntas *concretas* sobre cómo seguir desarrollándote en las áreas sobre las que ellas tienen conocimiento. Si su respuesta es cordial, puedes preguntarles si estarían dispuestas a volver a darte orientación y ánimos en algún momento en que lo necesites. Si eres concisa y respetuosa con su privacidad y su tiempo, habrá muchas personas que acojan con gusto tu petición.

Identifica las opiniones distorsionadas que tienes de ti

Es fundamental que arranques de raíz las ideas distorsionadas que tienes de ti, plantadas en tu interior posiblemente por un padre o una madre EI, y las reemplaces. Presta atención a cualquier papel que asumas automáticamente o a cualquier sensación de ti que te inmovilice y enfréntate a ellos. He aquí cómo plantarles cara a algunos de los más difíciles.

Eres más que un rol: mantente al margen de los dramas EI

En lugar de tratar a los demás como individuos, las personas EI los encasillan y les asignan un rol distorsionado y extremo. Tienden a interpretar cada situación como parte de un relato épico poblado de víctimas, agresores y salvadores. Reducen la realidad a un esquema argumental basado en tres líneas de acción y sacan rápidamente conclusiones sobre quién es el malo, quién es el inocente y quién debería intervenir para salvarlo. Este juego de roles distorsionado se conoce como *triángulo dramático de Karpman* (1968), y se ilustra en el diagrama de más adelante.

Por ejemplo, cuando era niña, con frecuencia Julie se veía envuelta en los triángulos dramáticos de su madre y se sentía culpable por no ser capaz de rescatarla del padrastro de Julie, al que su madre, en el papel de víctima, presentaba como el villano. Julie sentía que le correspondía a ella salvar a su madre porque nadie le decía que su madre adulta no estaba indefensa y que podía habérselas arreglado ella sola.

El triángulo dramático

En otro ejemplo, siendo una adolescente, Carla intentó decirle a su madre que no podía soportar sentirse tan controlada, que necesitaba más libertad. En lugar de hablar con Carla sobre el tema, su madre se indignó y le dijo que no entendía cómo podía ser tan desconsiderada y faltarle así al respeto. Le asignó el papel de agresora, y ella se vio como la víctima. A continuación, acudió a su marido para que la rescatara del «ataque» de Carla y la castigara.

La narración que construye la persona EI en torno a sus relaciones, vistas a través del filtro distorsionador de este triángulo dramático, es un interminable conflicto: el fuerte explota al inocente, que como resultado sufre y merece que alguien lo rescate. Es tan fácil caer en estos roles que a veces ni nos damos cuenta. A todos nos puede seducir en un momento dado interpretar la realidad desde este prisma y creernos firmemente el argumento; la diferencia es que las personas emocionalmente inmaduras viven en él.

El triángulo dramático nos resulta de lo más natural porque es la base tanto de cuentos infantiles como de películas para mayores. En la ficción, es un argumento fascinante el de los buenos y los malos pero, en la vida real, esta conceptualización tan simplista y maniquea solo genera innecesarios conflictos y contraataques. Cuando las personas adoptan roles contrapuestos, la verdadera comunicación y la intimidad emocional se paran (Patterson *et al.* 2012). Intenta detectar este esquema argumental cada vez que alguien EI no consiga lo que quiere; su perspectiva indignada de los acontecimientos arrancará directamente del triángulo dramático.

Si no estás alerta, y adoptas automáticamente uno u otro rol del triángulo, acabará afectando a tu relación contigo misma. Piensa en lo que supondría para tu autoestima que siempre te consideraras la víctima. Piensa en lo limitado que estaría tu futuro si tuvieras que ser siempre la salvadora de todos. Imagina hasta qué punto llegarías a dudar de ti si te vieran una y otra vez como la villana.

Para no entrar en un triángulo dramático, basta con que entiendas que cada persona es responsable de su comportamiento y su bienestar. Cuando te sientas arrastrada a adoptar uno u otro rol, párate, abre bien los ojos y niégate a considerarte a ti misma en esos términos. No tienes por qué dejar que tu concepto de ti esté definido desde una perspectiva tan unidimensional. No hay razón para que te limites a ser la mala, la víctima impotente o la rescatadora heroica. Puedes ser tú misma, pensar en el resultado global que *tú* quieres y buscar la manera de conducir la situación en dirección a él, si es posible.

Cuando ya no te dejes engañar por los triángulos dramáticos, podrás relacionarte más fácilmente y con menos miedo o ira. Por ejemplo, si alguien emocionalmente inmaduro intenta dominarte o culpabilizarte, no aceptes ser su víctima. Actúa con decisión a tu favor. Decide lo que más te conviene realmente, en lugar de dejarte zarandear por los dramas emocionales de los demás.

Niégate a que te dominen o te subyuguen

Si no te parece mal que otros te digan lo que tienes que pensar, sentir o hacer, es que te has acostumbrado a dejarte *subyugar* (Young, Klosko y Weishaar 2003). Pero la subyugación te quita la autonomía emocional y la libertad mental, y no debes tolerarla. Nadie más que tú puede dirigir tu vida, y además es absurdo pensar que una persona EI pueda saber lo que te conviene.

Una vez que te sientas con derecho a tomar tus propias decisiones, si alguien te intenta dominar te parecerá de lo más improcedente. Cuando tengas un concepto claro de ti misma y te respetes, tu integridad y tu dignidad no permitirán que nadie te coaccione ni te controle.

De todos modos, no hace falta que te tomes a pecho esos intentos de dominación; basta con que dejes clara tu autonomía con alguna frase como: «Tú y yo tenemos opiniones diferentes sobre esto»; «Esa no es la decisión que quiero tomar», «Aunque tal vez a ti te sirviera, no es mi estilo», o «Agradezco tu consejo, pero no puedo hacer lo que dices». Si esa persona sigue presionándote, le puedes decir: «No tengo ninguna razón. Simplemente no voy a hacer eso».

Cualquier interacción que te haga sentirte impotente o subyugada es una valiosa oportunidad para reafirmar tu concepto de ti misma como persona adulta. Si estás tentada a ceder porque es tal su insistencia, recuerda que tienes derecho a proteger tus límites. Cuando te sientas fuertemente presionada, en lugar de ceder respira y saborea el hecho de que eres libre de decir no a cualquier cosa que no te guste. No tienes que dar explicaciones; es tu decisión y con eso basta. «No me interesa», «Gracias pero no» o «No, de verdad» pueden poner el punto final a la conversación.

Cuestiona cualquier interacción en la que te sientas inferior o insuficiente

Los sentimientos de inferioridad pueden mostrarte exactamente dónde te equivocas en el concepto que tienes de ti. Está bien admirar a los demás, pero si tienes la sensación de que alguien *vale* más que tú, algo falla. Procura no idealizar ni idolatrar a nadie. Puedes disfrutar más su compañía si te sientes su igual.

Sentirte inferior a alguien, tener la sensación de que no mereces que se te respete tanto como a esa persona, es como una luz roja intermitente que te avisa de que un sistema de relación emocionalmente inmadura (EIRS) o un triángulo dramático podrían estar absorbiéndote. Si aprendes a interpretar el sentimiento de inferioridad como una señal de que alguien está intentando utilizarte para elevar su autoestima, puedes dar un paso atrás y conservar tu autonomía emocional y tu concepto positivo de ti misma.

Cuando estés con una persona emocionalmente *madura* a la que admiras, la sensación será muy diferente. En lugar de intentar que te sientas inferior a ella, te inspirará a hacer lo necesario para conseguir tus objetivos. Las personas emocionalmente maduras tienen una actitud incluyente, respetuosa y ecuánime hacia los demás. Te elevan con ellas, en lugar de hacerte sentirte menos que ellas.

Libera de la vergüenza y sus peligrosas distorsiones tu concepto de ti misma

La vergüenza es un factor de distorsión particularmente peligroso porque, como veíamos en el capítulo dos, no la sentimos como una emoción que nos afecta, sino que sentimos que eso es lo que *somos*. Esto tiene graves consecuencias a la hora de formarte un concepto de quién eres.

La vergüenza es tan difícil de soportar que nos hace querer desintegrarnos, que nos trague la tierra, o creemos que vamos a «morir de vergüenza». Recuerda que en el capítulo dos decía que, cuando de pequeña tus padres te tratan como si fueras mala, el concepto de ti misma puede llevar el peso de lo que el psicólogo Jerry Duvinsky (2017) llama *identidad esencial de vergüenza*.

Pero esos sentimientos de vergüenza no dicen una verdad sobre ti, y es importante que esto quede claro. La única verdad sobre la vergüenza es que posiblemente una persona EI te hizo sentir que habías hecho algo abominable a una edad en la que estabas psicológicamente indefensa. Ahora, como adulta, puedes neutralizar los sentimientos de vergüenza sacando a la luz la creencia de la que nacen, mirándola de frente, venciendo el impulso de escapar de ella y cuestionándola. Duvinsky (2017) subraya que examinar una vez tras otra los sentimientos de vergüenza que te acompañan desde la infancia y redefinirlos como lo que son —emociones muy desagradables, no la verdad de ti— hace que la vergüenza se reduzca a una emoción más, como debió ser en un principio, en vez de una declaración de tu valor como ser humano.

Cuestionar la vergüenza te permite desenmascararla y ver que es una simple *emoción* que alguien te impuso, no tu identidad esencial. En lugar de que la vergüenza forme parte sustancial del concepto que tienes de ti, puedes tratarla como cualquier emoción transitoria. He aquí cómo hacerlo.

Ejercicio: Quítale el aguijón a la vergüenza

Piensa en algo de lo que te hayas avergonzado. Mientras revives el momento, recuérdate repetidamente que lo que sientes es solo una *emoción*, no algo malo de ti. Duvinsky (2017) recomienda escribir las sensaciones que produce la vergüenza, al tiempo que la redefines una y otra vez como una simple emoción dolorosa. Dite a ti misma: «Me hace sentirme fatal, pero no es más que un sentimiento. Nunca jamás podría ser una declaración de lo que soy. Este sentimiento de vergüenza es solo una emoción, como cualquier otra». Si afrontas la vergüenza de esta manera, se convierte en un sentimiento doloroso más al que puedes sobrevivir fácilmente.

Una vez que la hayas mirado de frente, las punzadas de vergüenza ya no te parecerán tan catastróficas. Tal vez incluso empieces a entender la vergüenza como una advertencia de que alguien está intentando hacer que te sientas una mala persona para poder sentirse mejor consigo mismo. Contemplar la vergüenza como lo que es no solo puede ser una ayuda para librarte de las coacciones emocionales, sino que además repara el concepto que tienes de ti misma.

En tu concepto de ti misma, afírmate como una persona generosa y compasiva

Las personas EI opinarán que eras fría y que no te importa nadie si no te metes de cabeza en sus problemas. Si no estás segura de querer sacrificarte por ellas, pondrán en entredicho tu bondad. Pueden hacerte creer que no tienes ni una pizca de amor.

Dudar de si eres capaz de amar es una de las distorsiones más perjudiciales sobre ti misma que pueden surgir de la relación con los padres EI. Ver que eres incapaz de salvarlos, hacerlos felices o conseguir que se sientan lo bastante queridos puede crearte dudas sobre si no estarás emocionalmente incapacitada. Por ejemplo, durante toda su infancia una cliente había estado convencida que tenía el corazón como un «guisante congelado», mientras que otra contó que, cada vez que tenía una cita, temblaba pensando que aquel hombre se daría cuenta de que «dentro le faltaba un trozo». Estas dos mujeres habían crecido con unos padres emocionalmente insaciables que nunca supieron apreciar la generosidad y el amor que había en el corazón de sus hijas.

Pero que un padre o una madre EI no sea capaz de apreciar tus esfuerzos por demostrarles tu afecto no significa que no seas compasiva y atenta. Por lo general, o no se permiten aceptar el amor que les das o nunca les parece suficiente. No dejes que tu bondad o tu valor como persona dependan de que un padre EI se sienta querido. Empieza a canalizar más amor y valoración a tu relación contigo misma. Teniendo un padre o una madre EI, seguramente necesitarás una dosis aumentada de amor a ti para sostenerte.

Date cuenta del coste emocional que supone tener un pobre concepto de ti misma

Muchas personas han vivido con un concepto negativo de sí mismas durante tanto tiempo que ya no se dan cuenta de cómo les afecta. En lugar de sentirse indignadas u ofendidas, se han condicionado a aceptar la subyugación y el trato irrespetuoso. Aunque esto amortigua el dolor de que las traten mal, no se dan cuenta del enorme coste que supone tener un concepto de sí mismas tan precario. Cuando al fin se atreven a admitir lo doloroso que es que la gente las humille, pueden hacer algo al respecto. Como dice Tony Robbins (1992), a veces la mejor forma de motivarse para cambiar es *amplificar* deliberadamente lo dolorosa que es la manera en que hemos vivido.

Por ejemplo, vamos a suponer que durante años te has sumado a las risas de los miembros de tu familia cada vez que se burlaban de ti con mala intención, como solían hacer tus padres en tu infancia. Puedes quitarle importancia porque es una conducta recurrente en tu familia y has interpretado ese papel ya un millón de veces, pero ¿y si te paras en ese momento con la intención de *sentir* cómo te afectan emocionalmente esos comentarios despectivos? ¿Y si te das cuenta de lo que supone tener miedo a defenderte o, peor aún, reírte con los que disfrutan atormentándote? Si te permites experimentarlo hasta el fondo, es posible que empieces a sentir compasión hacia ti. Sigue amplificando el sentimiento hasta que te des cuenta de hasta qué punto esas experiencias destruyen tu autoestima y tu confianza en los demás. Cuando sientes el dolor y la compasión que despierta en ti, empiezas a verte de forma diferente.

Cambiar es más fácil cuando *sientes* de verdad la magnitud del daño que te ha causado vivir con un concepto de ti distorsionado. Es entonces cuando puedes sacar del dolor algo bueno.

¿Cómo sabrás si tienes un sano concepto de ti misma?

Si somos afortunados, lo que activa la formación de un concepto sano de nosotros mismos es la conexión con nuestros padres, su apoyo y su amor a edad temprana. Pero hay además en cada uno de nosotros una «chispa» nuestra particular que nos da la fuerza para remontar las dificultades y tener la capacidad para recuperarnos, sea cual sea nuestra historia (Vaillant 1993). Esa chispa puede venir de la relación íntima contigo misma, en la que sencillamente *sabes* que estás destinada a más. Algunos, incluso en ausencia de relaciones enriquecedoras, parece que tengamos misteriosos recursos internos que nos permiten ser nuestro compañero consciente, que hace posible que aprendamos, maduremos y encontremos la manera de salir de las circunstancias adversas. Esta amistad interior con nosotros mismos puede ser fuente de apoyo y consuelo e incluso procurarnos un instinto de protección frente a quienes intentan explotarnos.

Sabrás que tienes un concepto sano de ti misma cuando hayas llegado a conocerte bien y te consideres esencialmente buena. Apreciarás tu individualidad —tus intereses, tus pasiones, tus ideales—, así como las nuevas cualidades que has empezado a cultivar. Cuando tienes un sano concepto de ti, no te obsesiona corregir lo *malo* de la persona que eres. Quieres simplemente desarrollar tu potencial y ser más auténticamente tú. Tienes un concepto sano de ti cuando tu individualidad es tu bien más precioso, y no quieres ser nadie ni nada más que quien eres. Tener un concepto de ti misma como este es tu derecho natural como ser humano.

Aspectos destacados que recordar

Tu concepto de ti misma es la idea que tienes de quién eres y cómo eres. Lamentablemente, si creciste con unos padres EI es probable que te formaras un concepto de ti misma distorsionado que luego te ha suscitado sentimientos de inferioridad y subyugación. Tras años de relación con estos padres, es posible que hayas vivido atrapada en un concepto de ti que te ha hecho sentirte una impostora o asumir un determinado rol en el triángulo dramático y tener una perspectiva unidimensional de la vida. Pero siempre puedes reclamar tu autonomía y tu autoridad, aunque te sientas inferior a los demás o haya vacíos en el concepto de ti que tienes por ahora. Si confías en tu saber interior y encuentras personas que compartan contigo lo que ellas han aprendido y te sirvan de modelo de conducta para canalizar tu desarrollo, puedes construir un concepto de ti misma más rico y más sano.

Capítulo 10

Ahora puedes tener con ellos la relación que siempre has querido

Solo céntrate en la interacción de cada momento

P uedes tener una relación más sana con tu padre o tu madre EI si piensas en qué estás dispuesto a aceptar en cada interacción concreta. El tiempo que pases con ellos será más productivo si pones toda tu atención en la interacción que estáis teniendo en ese momento, y no en vuestra relación en conjunto. Es una presión excesiva empeñarte en tener una buena *relación* con ellos; intenta simplemente que la *interacción* de ese momento sea constructiva. La clave está en ser más sincero y resuelto cuando estéis juntos, en lugar de quedarte callado y dejarles que tomen el control de la conversación o de acabar discutiendo con ellos. Mientras mantengas una conexión fuerte contigo mismo y estés alerta a sus habituales tácticas de dominación, serás menos vulnerable a sus coacciones emocionales.

Ser leal a ti mismo y a tu mundo interior significa mantener tus límites, tu autonomía emocional y tu derecho a la individualidad. Dar prioridad a la conexión contigo mismo te permite establecer un nuevo tipo de relación con tus padres, en la que eres mucho más consciente de ti y más capaz de protegerte. En muchos sentidos, esta es la relación que siempre has deseado, porque es la relación en la que *por fin puedes ser tú estando con ellos*.

Porque el problema hasta ahora no ha sido solo cómo te han tratado tus padres, sino también que tú te has ignorado a ti mismo para que pudierais llevaros bien. Es como si inconscientemente hubieras «firmado» en la infancia un contrato de relación con ellos sin tener ni idea de lo que te costaría en la vida adulta. Afortunadamente, ahora puedes revisar ese viejo acuerdo de relación para que sea más justo en lo que a ti te toca. Tener conciencia del grado de madurez emocional de tus padres te permite ahora ver su juego y preguntarte si quieres cambiar tu forma de responder.

Aun en el caso de que no tengas contacto con tus padres o ya no estén vivos, puedes utilizar tus recuerdos para imaginarte interactuando con ellos de forma distinta. Rehacer mentalmente antiguas interacciones puede incluso cambiarte la sensación que te produce el pasado. Una cliente me dijo que imaginarse respondiéndole a su padre con más tranquilidad y autonomía le había dado la mejor relación que había tenido con él desde hacía mucho, y eso que llevaba muerto siete años.

Ahora vamos a revisar ese acuerdo tácito que tal vez sigues teniendo con tus padres u otra persona emocionalmente inmadura y a establecer mejores condiciones.

¿Quieres mantener vigente el viejo contrato de relación EI?

La mayoría de las relaciones van llegando a acuerdos tácitos uno detrás de otro a lo largo del tiempo, pero no solemos ser conscientes de ellos hasta que hay un problema. Lo habitual es que esos «contratos» se mantengan ocultos, pero si los sacas a la luz, ves de pronto a lo que has estado accediendo. El siguiente ejercicio puede ayudarte a ser consciente de lo que has consentido hasta ahora y a decidir si quieres seguir sujeto a esos términos.

Ejercicio: Reevalúa las condiciones de tu relación con la persona EI

Aplica las siguientes declaraciones a una persona EI que sea importante en tu vida y responde a cada una de ellas en tu diario con un «de acuerdo» o «en desacuerdo»:

1. Estoy de acuerdo en que tus necesidades deben anteponerse a las de los demás.
2. Estoy de acuerdo en no decir lo que pienso cuando estoy contigo.
3. Por favor, di lo que quieras, no haré ninguna objeción.
4. Sí, debo de ser un ignorante si tengo una opinión distinta de la tuya.
5. Por supuesto que tienes derecho a enfadarte si alguien te dice que no a lo que sea.
6. Claro, enséñame lo que debe gustarme y lo que no.
7. Sí, es lógico que tú decidas cuánto tiempo debería pasar contigo.
8. Tienes razón, debería mostrarte «respeto» renegando de mis pensamientos en tu presencia.

9. Por supuesto que no deberías controlarte si no te apetece.

10. No pasa nada porque no pienses antes de hablar.

11. Es cierto, nadie tendría que hacerte esperar nunca, y no tendrías por qué aguantar que nadie te incomode.

12. Estoy de acuerdo: no tendrías por qué adaptarte a las circunstancias cuando se produce algún cambio.

13. No importa que me ignores, me provoques o no parezca que te alegre verme: yo seguiré queriendo venir a estar contigo.

14. Por supuesto que tienes derecho a ser grosero.

15. Estoy de acuerdo en que no deberías aceptar las indicaciones de nadie.

16. Por favor, habla todo el tiempo que quieras sobre los temas que te interesan; yo estoy dispuesto a escucharte y no necesito que nunca me preguntes nada sobre mí.

El propósito de este ejercicio es que te des cuenta de que tal vez inconscientemente has permitido que esa persona EI ocupara una posición preferente en la relación. Poner al descubierto los términos de la relación te hará ser más consciente de lo que estás dispuesto a aceptar en el futuro.

Dos principios que equilibrarán cualquier interacción con una persona EI

El desnivelado estilo de relación emocionalmente inmadura se puede equilibrar con dos ideas que mejorarán sustancialmente tus interacciones con cualquier persona EI. Cuando surja un conflicto o te sientas coaccionado, haz lo siguiente:

1. Date cuenta de que ella y tú sois iguales en importancia («Soy exactamente igual de importante que ella»).

2. Mantén una conexión consciente contigo mismo y acéptate incondicionalmente («Hay muchas cosas buenas dentro de mí»).

Recordar estos dos hechos —que eres tan importante como la persona EI y que hay muchas cosas buenas dentro de ti— neutraliza cualquier intento suyo de coaccionarte o de hacer valer su autoridad. Cuando recuerdes estas dos cosas, tu interacción con esa persona será diferente. Incluso aunque siga comportándose como siempre, si tú te sientes igual de importante y estás conectado contigo mismo en todo momento, tendrás una experiencia de esa interacción completamente distinta. Cuando adoptas en lo más profundo de ti esta actitud, nadie puede dominarte, separarte de ti ni hacerte creer que tu experiencia no tiene el mismo valor que la suya.

1. Esa persona y tú sois iguales en importancia

Las personas EI no pueden imaginar que las necesidades de nadie sean tan importantes como las suyas. Como sienten que les corresponde una posición privilegiada en la jerarquía de la relación, dan por sentado que tú aceptarás su superioridad. Es cierto que sentirse superiores suele darles un aire de autoridad e incluso carisma, pero esa seguridad que manifiestan nace del egocentrismo y la inmadurez emocional. Afortunadamente, ahora eres capaz de percibir la verdadera naturaleza de sus presunciones egocéntricas.

La reconexión contigo mismo empieza en cuanto te preguntas qué es exactamente lo que hace que esas personas sean más importantes que tú. Al reflexionar sobre ello, descubres que *no* hay ninguna razón para considerarlas más importantes; no lo son, es solo la sensación que tú tienes.

Una vez que te des cuenta de que eres igual a ellas en importancia —aunque con su comportamiento intenten demostrar que no es así—, adoptarás espontáneamente una actitud más resuelta. En vez de aceptar con pasividad sus peticiones, expresarás en ese momento lo que a ti te conviene. Responderás de una manera que les recuerde con delicadeza: «Yo también estoy aquí, y mis necesidades importan tanto como las vuestras». Les explicarás lo que a *ti* te vendría mejor sin vergüenza ni disculpas, porque no hay nada vergonzoso en estar en igualdad de condiciones.

2. Mantén una conexión consciente contigo mismo y acéptate incondicionalmente

Honrar la valía de tu yo interior y de tu mundo más íntimo te da una nueva seguridad y contento. Cuando te aceptas tal como eres y te mantienes conectado con tu experiencia inmediata en el presente, te sientes más fuerte por dentro. Cuando te amas a ti mismo como un ser en evolución, sientes que es lo correcto proteger tu energía y tus intereses. Ya no te disocias de tus sentimientos para que la persona EI sea el centro de tu atención. Te parecerá inaceptable poner en suspenso lo que es importante para ti solo porque a esa persona le gusta que se le dé prioridad.

Es fundamental que resistas el impulso de encogerte y recluirte en un espacio diminuto dentro de ti cuando estás con personas emocionalmente inmaduras. Es un error que trates de ocupar el menor espacio posible para que ellas se puedan expandir. Empequeñecer tu valor de esta manera es un mecanismo de defensa que has arrastrado desde la infancia, y debe terminar definitivamente. Proteger tu derecho a pensar y sentir con independencia te hace estar presente. En lugar de encogerte y hacer de complaciente espectador, puedes ocupar orgulloso *tu espacio*, y si te consideran arrogante por ello no es tu problema.

Cómo mantener la conexión contigo mismo y estar presente

La única forma de que alguien pueda tomar el control de tu vida emocional y mental es consiguiendo que te desconectes de tu vida interior. Cuando una persona EI te hechiza con sus tácticas y entras en un estado de pasividad, ha conseguido inmovilizarte emocionalmente y que te disocies de ti. A partir de ahora, sin embargo, puedes estar plenamente atento para revertir el proceso.

Quizá te dé la impresión de que ser plenamente consciente de ti mismo no es en realidad hacer nada —podrías estar incluso en silencio— pero la diferencia es muy notable porque evita que aceptes la idea que tiene la persona EI de que estás a su servicio y existes para aumentar su autoestima y cuidar de que nada la altere. La atención plena es una herramienta psicológica tan poderosa que te permite «reiniciar» tu mentalidad: de modo pasivo a modo intencional.

Si eres plenamente consciente de ti *en presencia* de la persona EI, recuperarás tu autonomía emocional, tu libertad mental y el derecho a ser tú mismo. No hay palabras para describir la liberación que te regalas al centrarte intencionadamente en tus propios sentimientos y pensamientos cuando estás en estrecha proximidad física de una persona emocionalmente inmadura.

Puedes comprobarlo, mirándola a los ojos mientras permaneces deliberadamente atento a todos tus pensamientos y sentimientos. Experimenta la sensación de estar plenamente presente dentro de ti mientras esa persona da por hecho que tu atención está centrada por completo en ella. Esta conciencia intencionada de ti mismo es un audaz rechazo del contrato de relación al que has estado sujeto hasta ahora, porque esa persona ya no es el centro de tu atención. Vale la pena que practiques todo lo posible este estado de conciencia y saborees la autonomía emocional y la libertad de pensamiento que te da, para que automáticamente dejes de ceder el control de tu mundo emocional y mental en presencia de una persona EI.

En lugar de estar pendiente de lo que ella quiere, presta atención a tus sensaciones corporales, a tus pensamientos y tu experiencia emocional inmediatos. Si prestas atención directa a lo que estás experimentando en ese momento, no estarás poniendo ya a esa persona en primer lugar.

Quizá quieras probar las prácticas de atención plena de Thich Nhat Hanh (2011), que son extremadamente eficaces y sencillas. Por ejemplo, puedes mantenerte conectado contigo mismo concentrándote en tu respiración y diciéndote: «Inspirando, estoy aquí. Espirando, estoy en calma». Atender a tu respiración te ayuda a recordar que estás presente y que eres valioso, por mucho que se empeñe la persona EI en que la interacción gire en torno a ella.

Poner en práctica estas nuevas técnicas y actitudes da un giro a la interacción con tu padre o tu madre EI para que empiece a girar en torno a dos personas, no una. A continuación, veremos más formas de conseguirlo.

Cómo dar un giro a la relación con la persona EI para que las interacciones sean más igualitarias y tranquilas

Ninguna relación es satisfactoria si no es auténtica. En esta sección vamos a ver formas de interactuar con un padre o madre EI que aumenten las posibilidades de establecer una conexión real con él o con ella, pero sin que sientas que te estás traicionando a ti misma.

Interrumpe los viejos patrones antes de que esa persona tome el control

Para evitar que nadie tome el control de tus emociones, presta atención a cuando la persona EI te presione para que tomes partido y corrobores la validez de sus sentimientos o sientas que es responsabilidad tuya remediarlos. En cuanto sientas ese tirón con el que intenta atraerte para sentirse mejor a tu costa, puedes interrumpir su avance estando muy atenta a sus movimientos. También es una ayuda ir narrándotelos mentalmente, por ejemplo:

- *Ahora intenta coaccionarme emocionalmente y hacer que me sienta una desagradecida.*
- *Ahora me está invitando a entrar en su triángulo dramático.*
- *Ahora ha cambiado al canal «yo». Todo vuelve a girar en torno a ella.*
- *Ahora desdeña lo que yo siento y lo trata sin ningún respeto.*

- *Ahora cuestiona mi derecho a tener pensamientos y sentimientos propios.*
- *Ahora pone en duda que mi deber sea cuidarme yo primero.*
- *Ahora intenta que me sienta culpable para sentirse ella inocente.*

Una vez que se convierta en algo natural detectar esta dinámica, encontrarás nuevas maneras de responder para proteger tus límites y tu autonomía emocional. Es más fácil desbaratar sus tácticas de apoderamiento en cuanto empiezan. Al principio, esa persona te «hará» sentir ciertas cosas. Pero a medida que vayas aprendiendo a detectar sus maniobras, lo harás cada vez más rápido y antes perderán fuerza.

Por ejemplo, un día mi cliente Tina sintió «como si se partiera una ramita» en su interior cuando finalmente llegó a un punto en que no podía soportar ya más las quejas victimistas de su madre. A partir de entonces, en cuanto su madre empezaba a agobiarla con sus lamentaciones y a robarle la energía, Tina cambiaba de tema, trataba de hacerle ver que no era para tanto o se marchaba. Haber tomado conciencia del daño que le causaba buena parte del discurso de su madre le permitía esquivarlo automáticamente como habría esquivado un golpe físico: «Mamá, no soy psicóloga y no te puedo ayudar a resolver esto. Vamos a hablar de otra cosa». Si su madre hubiera insistido en que bastaba con que la «escuchara», Tina habría podido contestar: «No puedo, mamá. Me pone demasiado triste».

Interrumpir un avance emocional significa decir lo que sientes, pedir lo que quieres y poner freno a lo que no te gusta. Cuando expresas de inmediato lo que tú necesitas en ese momento, *aunque sea con timidez o con torpeza*, te sales del rol con el que hasta ahora contribuías a que las interacciones con esa persona fueran superficiales y tensas.

Sé tú quien dirige la relación

Una vez que has interrumpido el avance de la persona EI, puedes intentar llevar la interacción hacia el resultado que tú deseas proponiendo una alternativa que dé a vuestra relación adulta un carácter más igualitario y respetuoso. Por ejemplo, cuando una madre insiste en decirte lo que tienes que hacer o en darte consejos, le puedes contestar: «Buena idea, mamá, pero es importante que me dejes pensarlo tranquilamente». Si un padre se enfada y te habla con dureza, puedes ser tú la líder y decirle: «Espero que te controles. Somos adultos los dos. ¿Cómo vamos a tener una relación adulta, respetuosa, si me hablas así?».

Liderar la relación significa ser modelo de comportamiento respetuoso y enseñar lo que es la reciprocidad en las interacciones. Significa ser explícita en cuanto a cómo quieres que te traten y lo que te resulta agradable y enriquecedor en una relación. Significa personificar conductas de apoyo que inspiran a las personas a tratarse bien.

Por ejemplo, Brie animaba con entusiasmo a su padre, que estaba intentando bajar de peso, y celebraba cada progreso suyo por pequeño que fuera. Pero cuando ella decidió ponerse en forma, su padre nunca le preguntó cómo le iba. Brie le dijo un día que el apoyo debía ser bidireccional, que así sería más divertido para los dos. Su padre se quedó sorprendido, como si nunca se le hubiera pasado por la cabeza, y prometió demostrar más interés.

Es contraproducente atenerse a las pautas que marcan las personas EI cuando carecen de la madurez suficiente para ser líderes responsables. No les estás haciendo ningún favor, si *conoces* una forma mejor de relación pero no se la *enseñas*.

La manera de mejorar la relación es centrándote en la interacción de ese momento

Una interacción es más fácil de conducir cuando no estás preocupada por la calidad general de la relación. Manejar una interacción es factible, mientras que mejorar una relación es un objetivo colosal. Si te centras exclusivamente en la interacción de ese momento, te sentirás mucho más capaz y te desanimarás menos.

De hecho, intenta entrar con actitud neutral en la interacción con tus padres EI, como si no tuvierais un pasado común. Deja que sea una experiencia completamente nueva. Haz como que cada cosa que dicen y hacen es algo que experimentas por primera vez, y por tanto eres libre de responder a ellas con espontaneidad y autenticidad. Esta técnica de entrar en las interacciones «sin memoria ni deseo» (Bion 1967) te permite encontrarte con cada persona tal como es en el presente y te evita experimentar la interacción a través del filtro de viejos resentimientos. No le echas en cara cosas del pasado; la ves con mirada nueva. Puedes interactuar con tus padres como si fueran simples conocidos, personas que alguien te presentó hace poco; está claro que *no esperas que satisfagan tus necesidades emocionales más profundas*. No tienes que sentir amor por ellos, ni ellos tienen que sentirlo por ti. Podéis llevaros bien, eso es todo.

Una cliente me contó lo mucho que había mejorado la conexión con su madre desde que había abandonado toda expectativa de acercamiento emocional e interactuaba con ella relajadamente, como lo habría hecho con cualquier otra persona mayor. Esta cliente se dio cuenta de que, en realidad, hacía años que había dejado de necesitar nada de su madre. Tenía una vida emocional plenamente satisfactoria, tanto si su madre la quería como si no. Aceptaba cada detalle de la interacción tal como era, sin comparar el comportamiento de su madre con el que durante tanto tiempo había deseado. Una vez que decidió tratar cada interacción como un nuevo momento, sin rencores ni esperanzas, la amargura se desvaneció. Estaba satisfecha con la interacción que tuvieran.

Una comunicación madura es la clave para una interacción sincera

Establecer un clima de sinceridad en la interacción significa que utilizas *una comunicación clara e íntima* para decirle a la otra persona reposadamente lo que sientes y piensas y lo que en verdad quieres. Una comunicación «clara e íntima» no es ni ofensiva ni provocadora. Sencillamente expone con neutralidad tu experiencia y no culpa, interpreta ni amenaza. No estás intentando cambiar a esa persona, solo quieres que sepa cómo te afecta su comportamiento. Estás comunicándole con claridad cómo es la relación para ti, con lo cual estás creando un clima de confianza en el que también ella puede abrirse si quiere. Ser transparente sobre tu experiencia íntima significa que participas en la relación con sinceridad y dejas que esa persona te conozca, y esto hace que inmediatamente todo sea más auténtico entre vosotros.

Para tener una relación más auténtica, exprésate

Contarles a unos padres o a cualquier otra persona EI cómo te ha hecho sentirte algo que han dicho o han hecho es un gigantesco paso de lealtad a ti misma. Si te mantienes en contacto contigo y te relacionas con ellos de igual a igual, cambias los términos de vuestra relación. Las interacciones son a partir de entonces más íntimas y auténticas, aunque solo sea por tu parte. Cada vez que te expresas —da lo mismo que solo consigas hacerlo con cierta torpeza o con voz temblorosa— haces que la comunicación cobre una dimensión más verdadera y rescatas la relación de la superficialidad en la que estaba estancada.

Al expresarte pones de manifiesto vuestra condición de iguales. Cuando te expresas, muestras un estatus de igualdad a la otra persona. Al expresarte, estás diciendo que lo que ocurre dentro de ti es tan importante como lo que le ocurre a ella. De este modo, le impides al individuo EI establecer jerarquías.

Sin embargo, no es tan fácil expresarte cuando estás con una persona EI porque normalmente no hace preguntas ni te deja mucha posibilidad de participar. Puede que tengas que abrirte un hueco, intercalando un «¡espera!» o «¡un momento!» o incluso levantando la mano y sacudiéndola en el aire. Si te interrumpe, puedes decir: «Dame solo un minuto más, por favor, me gustaría terminar», y respira hondo antes de seguir. Que te escuche o haga oídos sordos a lo que dices *no* es lo más importante. Lo importante es que estás rompiendo una lanza por ti al pedir que te escuchen. Tu relación contigo misma se fortalecerá independientemente de cómo responda esa persona.

Pídele que te escuche. Si te disgustas con una persona EI por alguna razón y en ese instante no consigues decir nada, puedes volver a sentarte con ella al cabo de un tiempo y preguntarle si estaría dispuesta a escucharte. Dile que hay cosas que has comprendido desde entonces y pregúntale si te concedería cinco minutos. (Poner un límite de cinco minutos facilita las cosas porque a esa persona le pone muy nerviosa la intimidad emocional).

Si está de acuerdo, cuenta lo que tú experimentaste: describe *con exactitud* cuál fue su comportamiento, cómo te hizo sentirte, y pregúntale qué pretendía: «Papá, cuando fruncíste el ceño y vi cómo se te encendía la cara, sentí que me estabas mandando callar, que era mejor no expresar lo que pensaba. Fue como si me estuvieras diciendo que no tenía derecho a opinar. ¿Quieres que no abra la boca cuando estoy contigo? ¿Qué te gustaría que hiciera cuando te veo enfadarte así?».

En cada una de esas conversaciones de cinco minutos, haz referencia a una sola interacción pasada. No estás acusando a esa persona, así que mantén una actitud respetuosa y de sincera curiosidad mientras le explicas las sensaciones que te produjo su comportamiento. Si te interrumpe o quiere discutir lo que estás diciendo, hazle entender que tendrá ocasión de hablar dentro de un instante, pero pídele que te deje terminar.

Cuando hayan transcurrido los cinco minutos, dale las gracias por escucharte y pregúntale si quiere decirte algo. Tal vez no quiera decir nada, pero recuerda que tu misión se ha cumplido en el momento en que le has pedido que te diera la oportunidad de hablar. Con ese solo acto has transformado tu papel de niña. La iniciativa de compartir con tu padre o tu madre lo que te preocupaba ha cambiado los términos de tu antiguo contrato de relación (por ejemplo, el que establecía «acepto no decir lo que pienso cuando estoy contigo»). Esta clase de charlas breves os demuestran a ellos y a ti que la sinceridad tiene cabida en vuestra relación y que, como consecuencia, todo adoptará un tono más auténtico.

Repito, aunque tu esfuerzo por comunicarte no solucione el problema que has planteado, ha cumplido sobradamente su función: has actuado como igual y has tomado la iniciativa de comunicarte con claridad e interés sincero. Esto es un gran paso.

Utiliza una comunicación hábil y sin prejuicios en lugar de la confrontación

Afortunadamente, en la actualidad disponemos de información detallada sobre qué tipos de comunicación ayudan a obtener resultados positivos en circunstancias angustiosas. Los estilos de comunicación fructíferos son sinceros, mantienen un tono neutral y no juzgan al otro sino que demuestran empatía hacia su punto de vista. Veamos qué estilos de comunicación pueden ser los más adecuados para interactuar con los padres u otras personas EI.

Comunicación no complementaria. Este estilo de comunicación, que describe el profesor Christopher Hopwood (2016), responde al enfado o al comportamiento agresivo de la persona EI con una inesperada tranquilidad y empatía. La sorpresa que le causa ese acercamiento amable suele desbaratar la hostilidad o el intento de dominación emocional. Cuando la persona que está alterada se encuentra con tu curiosidad y comprensión en lugar de un contraataque, el conflicto que parecía inevitable deja de serlo.

Para responder con empatía a la hostilidad de esa persona, basta con que interpretes que en realidad es comprensión lo que busca, no pelea. Si eres capaz de captar el profundo deseo de conexión emocional que motiva su conducta desagradable, puedes entenderla como un grito desesperado con el que trata de conseguir la atención y aceptación que necesita. A veces la sorpresa de recibir una respuesta empática transforma la situación beligerante y da lugar a un acercamiento espontáneo, íntimo y sustancial.

Por ejemplo, la pareja de Bobbi llegaba siempre a casa de mal humor a la vuelta de los viajes de trabajo. Al final Bobbi se dio cuenta de que no era solo cansancio lo que sentía su compañera, sino que temía además que él no se alegrara de verla. La siguiente vez que su compañera volvió de un viaje, según la vio entrar por la puerta con cara de circunstancias Bobbi se levantó, le dio un abrazo y le dijo: «Cómo me alegro de que estés aquí. Te he echado de menos. ¿Quieres comer algo?».

Otra forma de comunicación no complementaria, que requiere un poco de práctica, es recurrir al humor o a la cordialidad irresistibles para diluir una situación tensa y que el enfado no tenga modo de avanzar. También una respuesta inocente o que demuestre interés puede hacer que se desvanezca la intención agresiva de la persona EI. Por ejemplo, si te hace una crítica inmerecida, le puedes contestar en tono neutro: «Ah, no lo sabía». La comunicación no complementaria te permite responder a su necesidad de que la comprendan, en lugar de limitarte a reaccionar a sus impulsos hostiles. Si es sincera, una respuesta no complementaria puede transformar una situación potencialmente conflictiva en una inesperada conexión. Incluso en sus momentos de ira, lo único que quiere una persona EI es que se la tenga en cuenta y se la aprecie.

Comunicaciones no defensivas y no violentas. Las comunicaciones no defensivas (Ellison 2016) y no violentas (Rosenberg 2015) son maneras de tratar con alguien sin atacarlo, humillarlo, acusarlo o avergonzarlo. El objetivo es escuchar al otro sin ponerte a la defensiva, sabiendo a la vez con claridad lo que a ti te importa.

Cuando empleas una comunicación no defensiva y no violenta, te mantienes al margen de las polaridades agresor-víctima del triángulo dramático. Reconoces que el punto de vista de la otra persona tiene mucho sentido en su caso. Al mismo tiempo, hablas de tus intenciones, pero sin cuestionar en ningún momento la valía humana de tu interlocutor. Al no adoptar una actitud defensiva, no das pie a que se ponga en funcionamiento el patrón agresor-víctima del triángulo dramático. Haces que la otra persona sienta que puede seguir comunicándose sin temor.

Estas habilidosas formas de comunicación reconocen que ambas partes tienen intenciones legítimas y necesidades y deseos muy importantes. Ponerlas en práctica puede eliminar los juicios y la emocionalidad de las discusiones con las personas EI. Sea cual sea su respuesta, tú te sentirás mucho más eficaz y con mayor control de ti misma cuando las utilices. Además de los autores citados, en la sección de referencias encontrarás otros títulos que pueden darte más detalles sobre estilos de comunicación sinceros y que no provoquen una actitud defensiva en las personas EI (Patterson *et al.* 2012; Stone, Patton y Heen 1999).

Cuando las diferencias son motivo de conflicto

Veamos ahora qué hacer cuando surge un desacuerdo, como es inevitable que ocurra. ¿Cómo podemos impedir que alguien traspase los límites o actúe de un modo inaceptable y seguir teniendo con él la mejor relación posible?

Pon unos límites claros y di que no. En cualquier relación, es necesario decir que no algunas veces y poner unos límites que protejan nuestro bienestar. No tienes que buscar excusas ni dar explicaciones. Puedes decir simplemente: «No, no puedo» o «Eso no me viene bien».

Sin embargo, a diferencia de lo que ocurre normalmente cuando tratamos con alguien sensible, la persona emocionalmente inmadura no acepta con facilidad una negativa. Puede que la cuestione («*¿Por qué* no puedes?») o que intente resolver eso que te impide hacer lo que ella necesita («Ya, pero ¿no podrías hacerlo si en vez de...?, seguido de una sugerencia). Nadie medianamente educado insistiría, pero los individuos EI se comportan como si tu tiempo les perteneciera. Si esa persona sigue insistiendo después de que hayas repetido tu negativa, puedes decirle: «¿Necesitas que te dé más razones? No tengo más razones que esas», o simplemente encogerte de hombros.

Acepta solamente lo que quieras. Las personas EI suelen ser generosas de una manera que te hace sentirte atrapada y obligada. Lo importante es lo que te quieren dar, independientemente de que tú lo quieras o no. Por ejemplo, muchas veces hacen regalos que a *ellas* les gustaría recibir, o te invitan con insistencia a una de esas reuniones en las que siempre te aburres, o planean alguna actividad que no te interesa, o te ofrecen repetidamente una ayuda que no necesitas. Son como niñas pequeñas que insisten «¡otra vez!, ¡otra vez!», dando por sentado que tú quieres lo mismo; no se les ocurre pensar que alguien pueda cansarse de sus ofrecimientos o no disfrutar de una actividad tanto como ellas. Un cliente, cuando su madre siguió insistiendo en llevarle un regalo después de que él le hubiera pedido que por favor no llevara nada, finalmente le dijo: «Mamá, nunca siento que tus regalos sean un regalo. Siento que son una obligación».

Si no das saltos de alegría por lo que te ofrecen —ya sea comida, regalos, dinero, hospitalidad o consejos—, te hacen sentir que eres una grosera y que has herido deliberadamente sus sentimientos. Por supuesto, no es verdad. Tienes derecho a decir «con esto basta» o «es suficiente» sobre cualquier cosa; lo mismo que «ojalá pudiera, pero no, gracias» o «nunca más». Después de esto, ellas sabrán cómo arreglárselas con sus sentimientos.

No alientes el comportamiento regresivo. Los padres y demás personas EI acostumbran a representar el papel de seres melancólicos o profundamente heridos para que acudas al rescate. Si intervienes para apaciguarlos, solo conseguirás que sigan recurriendo a los comportamientos regresivos y victimistas para crearte un sentimiento de culpa.

Por ejemplo, mi cliente Sandy tenía una madre muy emocional, que se retiraba llorando a su habitación en cuanto ocurría algo que le molestaba. Como a Sandy aquello le afectaba mucho, iba detrás de ella, le hacía preguntas e intentaba animarla. A veces, para retener a Sandy y prolongar su atención todo lo posible, su madre se negaba a contestar o no aceptaba su abrazo hasta que su hija había insistido durante varios minutos.

Comprensiblemente, Sandy estaba cansada de esta dinámica, así que decidió probar algo nuevo. La siguiente vez que su madre se retiró a su habitación, fue detrás de ella y le dijo *con sinceridad*: «Veo que estás muy triste, mamá. Voy a dejarte que lo resuelvas. Cuando quieras, yo estaré abajo y podemos ir de compras como teníamos pensado. Pero no tengas prisa, quiero que te permitas estar triste todo el tiempo que necesites». A continuación, salió y cerró la puerta con suavidad.

De esta manera, Sandy le dio autonomía a su madre y abandonó el papel de salvadora. Se mostró comprensiva con los sentimientos de su madre; no adoptó una actitud distante y crítica, solo le hizo saber que no era algo en lo que ella pudiera participar o que pudiera resolver. Quince minutos después su madre bajó las escaleras, y Sandy le sonrió: «¿Lista para ir de compras?».

Otro ejemplo es el del padre de Paul, un hombre estricto y moralista, que se negó a salir a cenar con la familia de su hijo como estaba previsto porque se le metió en la cabeza que Paul había conseguido la reserva con engaños. Paul le dijo a su padre en tono tranquilo: «De acuerdo, papá. Por favor, no hagas nada que no quieras. Vamos a salir dentro de media hora. Si cambias de idea, nos encantaría que vinieras con nosotros, o puedes llamar a un taxi más tarde, si lo prefieres, y venir a los postres».

Lo importante en estos ejemplos es que ni Sandy ni Paul intentaron culpabilizar o avergonzar a sus padres ni cambiar sus emociones. A estos padres se les dio autonomía para sentir lo que sentían y tomar la decisión que quisieran. Podían actuar según lo planeado y pasar un rato divertido, o podían quedarse en casa disgustados. Se les ofreció con respeto la posibilidad de elegir.

Expresa el enfado con claridad, concisión y respeto. Aunque lo ideal sería que las interacciones fueran siempre tranquilas, habrá momentos en que sientas que lo oportuno es enfadarte. La terquedad de un padre o una madre EI puede ser muy difícil de soportar, sobre todo si hay por su parte una larga historia de dominación emocional. Afortunadamente, también el enfado puede expresarse con respeto y sin agresividad.

— El caso de Bethany —

Bethany llegó un día a la consulta y empezó la sesión de terapia anunciando: «Hoy he estallado contra mi padre». Resulta que su padre, ya anciano, había vuelto a reprender a gritos al personal de la residencia geriátrica por descuidos sin importancia, como si estuviera en un hotel de cinco estrellas. Las cosas habían llegado a tal punto que varios cuidadores no querían seguir atendiéndolo. Bethany estaba harta de recibir llamadas de la residencia con quejas sobre su comportamiento y necesitaba hacerle entender de una vez la gravedad de la situación. Le expuso a su padre los hechos con seriedad y le recordó que si seguía portándose así finalmente lo echarían a la calle y acabaría viviendo en un sitio mucho menos agradable que aquel (lo cual era cierto; no le sobraba el dinero y había tenido suerte de encontrar una plaza en el sitio donde estaba).

Bethany le recordó que el personal de la residencia hacía un trabajo muy difícil y que también eran personas. Le dijo que estaba cansada de tener que arreglar a cada momento las situaciones que él creaba y que, por una vez en su vida, podía pensar en los demás. «Estoy agotada —le dijo—. Tienes que pensar en lo que esto me está haciendo a mí. ¿Qué vas a hacer si me muero? ¡Ten un poco de gratitud, papá! Quítame algún peso de encima. Sabes ser amable, así que ¡hazlo!».

Bethany no avergonzó ni acusó a su padre; simplemente le comunicó con firmeza lo que necesitaba de él: estaba en su sano juicio, así que no tenía excusa para comportarse así, por muy anciano que fuera. A él no le gustaban sus circunstancias, pero a Bethany tampoco le gustaban las suyas. Por el bien de su salud, tenía que decirle a su padre que hiciera un esfuerzo por no darle más trabajo. La confrontación no cambió la personalidad de su padre, pero abrió un momento de claridad y comunicación íntima y sincera entre ellos. Para gran sorpresa de Bethany, su padre más tarde se disculpó. Eran, de momento, dos adultos que trataban de resolver algo entre ellos.

Bethany demostró que la ira puede expresarse con firmeza, pero con una comunicación clara e íntima en lugar de un ataque. Cada vez que su padre volvía a las andadas, Bethany era capaz de manifestar su descontento y recordarle lo que esperaba de él. El enfado expresado con madurez, incluso aunque sea emocional e intenso, tiene un único objetivo, que es tratar *directamente* con la otra persona un asunto concreto. Ross Campbell (1981) cuenta que la ira puede expresarse con distintos grados de madurez y de maneras que resultan de mayor o menor eficacia para resolver un problema. Aunque el tono sea enérgico, mientras el enfado se exprese de forma lógica, solo verbalmente, sin salirse del tema, sin utilizar un lenguaje ni una conducta abusivos, y vaya dirigido solo a la persona en cuestión para tratar el problema relevante, puede considerarse que tiene un nivel de madurez bastante aceptable.

El tono de Bethany con su padre fue emocional y rotundo, pero aun así expuso los hechos con objetividad y se limitó a comunicarle lo que necesitaba que hiciera sin utilizar palabras ofensivas. No era su intención castigar ni dominar a su padre; subía el volumen solo para que sus palabras atravesaran la neblina de autocomplacencia en la que estaba sumido. Le recordó con voz enérgica que había otras personas en el mundo aparte de él y que, si no tenía un poco de consideración por ellas, podía quedarse sin la ayuda a la que no estaba dando ningún valor. Les sentó muy bien a los dos que a Bethany se le acabara la paciencia y pusiera las cosas en claro.

Acepta que algunos sueños nunca se cumplen y sigue tu camino

Mucha gente piensa que tener una buena relación con sus padres significa que, al fin, su padre o su madre se sentirán felices cuando estén en su compañía. Pero teniendo en cuenta la insatisfacción y la actitud defensiva que caracterizan a las personas EI, sabes que nada los hace felices durante mucho tiempo. ¿Por qué no dejas de intentar cambiarlos y procuras ser feliz contigo misma? Cuando aceptas sus limitaciones emocionales, tienes más libertad para cuidarte tú, y es posible que incluso empieces a sentir más compasión hacia ellos.

Valora lo que consigas y honra cualquiera que sea el vínculo que sientas

La mayoría sentimos un apego primordial a nuestros padres, respondieran o no a nuestras necesidades emocionales. Los vínculos familiares existen a un nivel profundo sin importar lo frustrante que fuera la relación con ellos, y hay pocas personas que quieran renunciar por completo a esos lazos. En general, sentimos que incluso las relaciones familiares más exasperantes son, a un nivel humano básico, importantes e insustituibles. La necesidad de pertenencia es tan profunda que crea en nosotros unos lazos muy fuertes con nuestros padres, a pesar de las carencias afectivas y las experiencias dolorosas que hayamos sufrido.

Una cliente me dijo que ella quería tener una buena relación con su madre, aunque no fuera «ni amable, ni suave, ni de fiar». Recordaba vívidamente el momento en que, llorando en su habitación, comprendió que su madre no iba a cambiar nunca. En aquel momento decidió aceptarla tal y como era, porque le importaba mucho la conexión familiar.

Otra cliente había tenido una relación muy difícil y frustrante con su padre EI. La había tratado mal y la había decepcionado muchas veces. Pero cuando enfermó y lo ingresaron en un centro para pacientes terminales, estuvo constantemente a su lado. Después de su muerte, esta mujer se dio cuenta de que había ido perdiendo toda importancia el resentimiento que antes había sentido hacia él. «Era mi padre», dijo.

Quizá tus padres EI no te dieran todo el amor que necesitabas, pero han desempeñado un papel fundamental en que *tú* hayas aprendido a amar, y eso también es importante. Así que, por supuesto, es natural que te sientas muy apegada a ellos; solo una cosa: no te olvides de estar igual de apegada a ti misma. Mientras no renuncies a ti para poder relacionarte con ellos, todo irá bien.

Es hora de que tengas una visión compasiva y realista de la relación con tus padres EI

Cuando te hayas liberado de los patrones de relación emocionalmente inmaduros que te han impedido ser tú, quizá lamentes el tiempo que has perdido hasta empezar a ser consciente de ti y a confiar en tu capacidad de amar. Muchas personas desearían poder recuperar el tiempo que pasaron intentando amoldarse a las distorsiones de sus padres y buscando desesperadamente su aprobación. Pero tal vez te reconforte saber que, una vez que te liberas del control opresivo que ha supuesto la relación con tus padres EI, tienes realmente una vida nueva que vivir. La diferencia entre el cautiverio emocional al que has estado sometida y la posesión de ti misma que has recuperado puede ser tan colosal que es como si se te hubieran dado dos vidas en vez de una y la oportunidad de experimentar cómo es vivir con dos conceptos de ti diferentes.

Ahora, cuando vuelvas la vista atrás y mires cómo ha sido la relación con tus padres EI, quizá sientas una tristeza compasiva, unida a un realismo férreo. Ahora tienes una perspectiva global que te permite, al fin, situarte fuera de la relación y contemplarla con mirada adulta.

— El caso de Grace —

Grace se tomó muy en serio la terapia porque estaba decidida a cultivar un mejor concepto de sí misma y a tener una vida social más placentera. Había crecido con una madre dominante, tan desconfiada y controladora que Grace se sentía desleal a la familia si pasaba demasiado tiempo fuera de casa.

Tras la muerte de su madre, se volvió más abierta, empezó a relacionarse más y descubrió que la gente era mucho más amable y cálida de lo que su madre había sido. Grace no lloró la muerte de su madre —no había entre ellas suficiente intimidad como para eso—, pero con el tiempo, al pensar en la vida de su madre, empezó a sentir compasión por las repercusiones tan terribles que había tenido también para ella su inmadurez emocional.

«No creo que tampoco mis hermanos lloraran su muerte; era tan fría... Lo pagó, porque consiguió que nadie la quisiera. A casi todos nos hacía sentirnos muy desgraciados. Tenía tal falta de empatía...; era como si estuviera ausente en ella la necesidad de conectar con los demás. Vivía tan absorbida en sus pensamientos, en juzgar a todo el mundo y ver solo sus defectos que no era capaz de amar a nadie. Solo hablaba de lo que cada cual tenía que mejorar, parecía que no tuviera capacidad para conectar de corazón. Podía ser compasiva a nivel teórico, en la iglesia, por ejemplo, pero a nivel personal era tan difícil de tratar... Todo giraba en torno a cómo le afectaban las cosas a *ella*, no a lo que nos pasara a nosotros. El resentimiento le creaba tal fealdad por dentro que era imposible quererla, por las cosas tan feas que hacía».

Me pareció conmovedor el trabajo que hizo Grace para sanarse poco a poco y que tomara conciencia de las limitaciones emocionales de su madre. La trayectoria de su evolución fue como la de muchas otras personas que se han recuperado de haber pasado la infancia con unos padres EI. A medida que Grace fue cultivando la lealtad y el apego a sí misma, descubrió también lo que le interesaba y lo que le gustaba. Le encantaban su casa y sus mascotas, y empezó a tener más amigos y a participar más en actividades de grupo que la hacían sentirse viva. Ahora que tenía la libertad para dirigir su vida hacia las cosas que le importaban, veía con claridad que los miedos de su madre la habían aprisionado. Sentía compasión por su madre, pero era un gran alivio que ahora su vida le perteneciera solo a ella. La enriquecedora relación que había desarrollado consigo misma le estaba dando todo lo que nunca había recibido de su madre.

Grace fue capaz de entender poco a poco muchas cosas de su madre después de que esta muriera. Podía contemplarla con una nueva objetividad ahora que tenía una relación de amor y protección con su yo interior, la parte inocente que había amado a su madre incluso aunque ella no hubiera podido corresponderle. Grace se sentía ahora más segura y completa, no porque al fin hubiera conseguido el amor de su madre, sino porque se había encontrado a sí misma.

Una vez que te liberes de los patrones de relación emocionalmente inmaduros que te retenían, quizá te arrepientas de haberte esforzado tanto con personas que te dieron tan poco a cambio y te hicieron tanto daño. A medida que vayas tomando conciencia de tu valor y de tu capacidad de amar, quizá te duela darte cuenta de lo mal que te trataron. Muchas personas desearían poder recuperar el tiempo que pasaron esforzándose por adaptarse al egocentrismo de sus padres y anhelando su aprobación. Pero quizá te reconforte saber que ser capaz, por fin, de comprender y aceptar a las personas EI tal como son te libera del empeño por complacerlas o cambiarlas y te permite disfrutar plenamente de tu autonomía emocional, tu experiencia interior y tu libertad de pensamiento. No puedes recuperar tu infancia, pero el resto de tu vida es tuyo y te puedes crear la vida que quieras. Dado que tu yo interior es ahora la base, sin duda será preciosa.

Aspectos destacados que recordar

Ahora que has reflexionado en profundidad sobre el impacto que han tenido en tu vida las personas EI, puedes pensar a qué condiciones del contrato de relación no quieres seguir sujeta. Haber comprendido que eres igual de importante que cualquier persona EI te permite seguir conectada a ti y a tu mundo interior y protegerlo con afecto y lealtad. En la relación con tus padres EI, ahora puedes mostrar auténticamente quien eres y manifestar tus necesidades, poner límites y hacer valer tu derecho a expresarte, a veces incluso con enfado. Ahora sabes cómo responderles con firmeza y sentirte completa y fortalecida. Puedes honrar los lazos familiares que te unen a ellos a un nivel profundo y proteger a la vez tu autonomía emocional y la libertad para ser quien verdaderamente eres. Una vez que puedes ser tú y sentirte igual de importante que la persona EI, ningún sistema de relación emocionalmente inmaduro podrá apoderarse de ti: ahora sois dos personas que se encuentran como iguales, y es mucho mayor la posibilidad de que se establezca una relación auténtica entre dos individuos muy diferentes.

Declaración de derechos para los hijos adultos de padres emocionalmente inmaduros

Ahora que estamos llegando al final del viaje, quiero dejarte una declaración de derechos que puedas consultar cada vez que tengas alguna dificultad en una relación emocionalmente inmadura. Estos diez derechos básicos resumen lo que has aprendido a lo largo del libro, y especialmente la idea de que tienes derecho a tu propia vida. La intención es que sean un recordatorio abreviado de cómo mantenerte centrado cuando trates con tus padres u otras personas EI. Espero que te resulten útiles. Te deseo lo mejor en el trabajo por recuperar tu autonomía emocional, tu libertad mental y tu vida interior. Espero de corazón que, tras haber leído este libro, pongas en práctica lo que has aprendido y aproveches al máximo la oportunidad de seguir desarrollándote y descubriéndote en cada futura interacción con una persona EI.

1. Derecho a poner límites

- Tengo derecho a poner límites a tu comportamiento hiriente o explotador.
- Tengo derecho a poner fin a cualquier interacción en la que me sienta presionado o coaccionado.
- Tengo derecho a interrumpirte mucho antes de empezar a sentirme agotado.
- Tengo derecho a parar cualquier interacción que no me resulte agradable.
- Tengo derecho a decir que no sin una buena razón.

2. Derecho a no dejarme coaccionar emocionalmente

- Tengo derecho a no ser tu salvador.
- Tengo derecho a pedirte que busques a otra persona que te ayude.
- Tengo derecho a no solucionar tus problemas.
- Tengo derecho a dejar que te encargues de tu autoestima sin mi aportación.
- Tengo derecho a dejar que resuelvas solo o sola tu malestar.
- Tengo derecho a no sentirme culpable.

3. Derecho a la autonomía emocional y a la libertad mental

- Tengo derecho a todos y cada uno de mis sentimientos.
- Tengo derecho a pensar lo que quiera.
- Tengo derecho a que no me ridiculices ni te burles de mí por mis valores, ideas o intereses.
- Tengo derecho a molestarme por cómo me tratas.
- Tengo derecho a que no me guste tu comportamiento o tu actitud.

4. Derecho a elegir mis relaciones

- Tengo derecho a descubrir si te quiero o no.
- Tengo derecho a rechazar lo que quieres darme.
- Tengo derecho a no ser desleal a mí mismo para facilitarte a ti las cosas.
- Tengo derecho a poner fin a nuestra relación, aunque estemos emparentados.
- Tengo derecho a no depender de ti.
- Tengo derecho a mantenerme alejado de cualquier persona que sea desagradable o agotadora.

5. Derecho a una comunicación clara

- Tengo derecho a decir cualquier cosa mientras lo haga de forma no violenta ni dañina.
- Tengo derecho a pedirte que me escuches.
- Tengo derecho a decirte que has herido mis sentimientos.
- Tengo derecho a hablar y a decirte lo que de verdad prefiero.
- Tengo derecho a que me digas lo que quieres de mí en vez de dar por sentado que debería saberlo.

6. Derecho a elegir lo que es mejor para mí

- Tengo derecho a no hacer algo si no me viene bien.
- Tengo derecho a irme cuando quiera.
- Tengo derecho a decir que no a actividades o reuniones que me aburren.
- Tengo derecho a tomar mis propias decisiones, sin dudar de mí.

7. Derecho a vivir la vida a mi manera

- Tengo derecho a actuar aunque a ti no te parezca bien.
- Tengo derecho a dedicar mi energía y mi tiempo a lo que me parece importante.
- Tengo derecho a confiar en mi experiencia interior y a tomarme en serio mis aspiraciones.
- Tengo derecho a tomarme todo el tiempo que necesite y a que no me metas prisa.

8. Derecho a un trato de igualdad y respeto

- Tengo derecho a que me consideres igual de importante que tú.
- Tengo derecho a vivir mi vida sin que nadie me ridiculice.
- Tengo derecho a que me trates con respeto como persona adulta independiente.
- Tengo derecho a negarme a sentir vergüenza.

9. Derecho a dar prioridad a mi propia salud y bienestar

- Tengo derecho a prosperar, no solo a sobrevivir.
- Tengo derecho a dedicarme tiempo a mí mismo para hacer lo que me gusta.
- Tengo derecho a decidir cuánta energía y atención concedo a otras personas.
- Tengo derecho a tomarme tiempo para pensar las cosas con calma.
- Tengo derecho a cuidarme, independientemente de lo que nadie piense.
- Tengo derecho a exigir el tiempo y el espacio que necesito para atender mi mundo interior.

10. Derecho a amarme y protegerme

- Tengo derecho a sentir compasión hacia mí mismo cuando cometo un error.
- Tengo derecho a cambiar mi concepto de mí mismo cuando ya no concuerde con la realidad.
- Tengo derecho a amarme y a tratarme bien.
- Tengo derecho a liberarme de la autocrítica y a disfrutar de ser quien soy.
- Tengo derecho a ser yo.

Agradecimientos

Mi más sincero agradecimiento a Tesilya Hanauer, mi editora, a la que hace ya años le pareció prometedor el concepto de los «padres emocionalmente inmaduros». Tesilya se comprometió a guiarme durante todo el proceso de creación de este libro, y su confianza en él, su paciencia y su tenacidad han hecho posible que todo lo que he ido descubriendo en el trabajo con mis clientes llegue ahora al público. Les estoy igualmente agradecida a las editoras de New Harbinger, Clancy Drake y Jennifer Holder, que han trabajado sin descanso para definir y organizar el contenido del libro a fin de que todo estuviera descrito con la mayor claridad posible. Muchas gracias también por su buen ojo y orientación a la correctora Gretel Hakanson.

No tengo palabras para expresar mi gratitud a todos los clientes que aceptaron que incluyera en estas páginas sus experiencias, disfrazadas y anónimas, con un «si puede serle de ayuda a alguien, ¡claro!». Juntos descubrimos cómo pasar de la confusión de haber crecido con unos padres EI a la claridad que nace de comprender en profundidad la situación que el niño y la niña vivieron y transformar los patrones constrictivos en seguridad y fortaleza.

Mi gratitud también a los teóricos e investigadores de la psicología del desarrollo, a los que les debo el haber comprendido lo que es la inmadurez emocional y cuáles son sus efectos. Tuve la fortuna de que mi trabajo de posgrado me expusiera a los perspicaces descubrimientos sobre el desarrollo y la personalidad que hicieron los antiguos maestros de la psicología, en lugar de limitarse a describir síntomas y técnicas. Las teorías nos muestran el panorama general y hacen que todo cobre sentido. Aprendí de los mejores.

Quiero dar las gracias a mis colegas Brian Wald, Tom Baker y Mary Warren Pinnell, cuyas ideas y sugerencias me han resultado incalculablemente útiles para abrirme paso a través de cuestiones espinosas y detalles inquietantes.

Le estoy profundamente agradecida por su respaldo emocional y su esclarecedora perspectiva a mi hermana Mary Babcock, que ha sido mi mayor apoyo desde la infancia. Su perspicacia y su profunda comprensión del comportamiento humano me ayudan siempre a llegar al fondo de las cosas. Gracias también a Barbara y Danny Forbes, por sus ideas y contribuciones. Barbara sabe al instante lo que mi corazón necesita, y me ha dado ánimos y cariño constantes durante muchos años.

Lynn Zoll ha sido mi sustentadora y animadora a lo largo de todo el proceso; me ha hecho reír, me ha enviado poemas, comida y correos electrónicos en los que me ha dicho «¡sigue!», y ha estado en todo momento a mi disposición para hablar sobre cualquier aspecto del libro. También Kim Forbes ha sido incondicional en su dedicación y apoyo; le agradezco todas las tarjetas y textos singularmente inspiradores, no hablemos ya de los apasionantes debates.

Mi profunda gratitud igualmente a Esther Freeman, que en nuestra larga amistad me ha enseñado tanto sobre cómo responder con resolución a las adversidades y el desánimo. Su intuición exquisita me sirve siempre de orientación hacia lo más práctico y funcional.

Gracias a mi maravilloso hijo, Carter Gibson, que ha estado al tanto de mis progresos y me ha animado con reveladoras y alentadoras observaciones sobre lo que parecían obstáculos insalvables. Me encanta su forma de ver el mundo y de hacer su vida. Esa vivacidad suya es la que deseo a todos.

Por último, mi mayor agradecimiento es para mi marido, Skip. La conexión con él ha sido la alegría de mi vida y el principal catalizador de la poca o mucha madurez emocional que pueda tener en estos momentos. Apoyó mi sueño de escribir este libro, tanto emocional como materialmente, pero lo mejor de todo fue que comprendiera de verdad la importancia y el poder que entrañan los sueños.

Referencias

Ainsworth, M., Bell, S. y Strayton, D. 1974. «Infant-Mother Attachment and Social Development: "Socialization" as a Product of Reciprocal Responsiveness to Signals». En *The Integration of a Child into a Social World*. Richards M., ed. Nueva York: Cambridge University Press.

Barrett, L. *La vida secreta del cerebro: cómo se construyen las emociones*. Barcelona: Paidós, 2018.

Beattie, M. *Libérate de la codependencia*. Málaga: Sirio, 2009.

Berne, E. *Juegos en los que participamos*. Madrid: Gaia, 2022.

Bickel, L. *Mawson's Will*. South Royalton, Vermont: Steerforth Press, 2000.

Bion, W. 1967. «Notes on Memory and Desire». *Psychoanalytic Forum* 2: 272-273.

Bowen, M. *La terapia familiar en la práctica clínica*. Bilbao: Desclee de Brouwer, 1989.

Bowlby, J. *Vínculos afectivos: formación, desarrollo y pérdida*. 6.ª ed. Madrid: Ediciones Morata, S. L., 2014

Bradshaw, J. *Volver a casa*. Madrid: Gaia, 2017.

Burns, D. *Sentirse bien*. Barcelona: Paidós Ibérica, 1990

Campbell, R. *Cómo amar de verdad a tu hijo*. Grand Rapids, Míchigan: Editorial Nivel Uno, 2018.

_____*How to Really Love Your Teenager*. Colorado Springs: David C. Cook/Kingsway Communications, 1981.

Capacchione, L. *Recovery of Your Inner Child*. Nueva York: Touchstone, 1991.

Clance, P. R., e Imes, S. 1978. «The Imposter Phenomenon in High Achieving Women: Dynamics and Therapeutic

Intervention». *Psychotherapy Theory, Research and Practice* 15 (3): 241-247.

Clore, G. L. y Huntsinger, J. R. 2007. «How Emotions Inform Judgment and Regulate Thought». *Trends in Cognitive Sciences* 11.

Degeneres, E. Holiday Headphones. 5 de diciembre, 2017. Ellentube. com. https://www.youtube.com/watch?v=78ObBXNgbUo.

DeYoung, P. A. *Understanding and Treating Chronic Shame*. Nueva York: Routledge, 2015.

Duvinsky, J. *Perfect Pain/Perfect Shame*. North Charleston, Carolina del Sur: CreateSpace, 2017.

Ellison, S. *Taking the War Out of Our Words*. Sunriver, Oregón: Voices of Integrity Publishing, 2016.

Ezriel, H. 1952. «Notes on Psychoanalytic Group Therapy: II. Interpretation». *Research Psychiatry* 15: 119.

Fonagy, P., Gergely, G., Jurist, E. y Target, M. *Affective Regulation, Mentalization, and the Development of the Self*. Nueva York: Other Press, 2010.

Forbes, K. Entrevista personal, 2018.

Forward, S. *Padres que odian*. México: Grijalbo, 1990.

Fosha, D. *El poder transformador de los afectos*. Barcelona: Eleftheria, 2019.

Fraad, H. 2008. «Toiling in the Field of Emotion». *Journal of Psychohistory* 35 (3): 270-286.

Frankl, V. *El hombre en busca de sentido*. Barcelona: Herder, 2021.

Gibson, L. C. *Hijos adultos de padres emocionalmente inmaduros*. Málaga: Sirio, 2016.

Goleman, D. *Inteligencia emocional*. Barcelona: Kairós, 1996.

Gonzales, L. *Supervivencia: quién sobrevive, quién muere y por qué*. Madrid: Desnivel, 2016.

Gordon, D. *Mindful Dreaming*. Franklin, Nueva Jersey: The Career Press, 2007.

Goulding, R. A. y Schwartz, R. C. *The Mosaic Mind*. Oak Park, Illinois: Trailhead Publications, 2002.

Hanson, R. *Cultiva la felicidad*. Málaga: Sirio, 2015.

Hatfield, E. R., Rapson, R. L. y Le, Y. L. 2009. «Emotional Contagion and Empathy». En *The Social Neuroscience of Empathy*, Decety J . e Ickes W., eds. Boston: MIT Press. 2009.

Hopwood, C. «Don't Do What I Do». *Shots: Opinion: Your Health*, 16 de julio de 2016. National Public Radio. https://www. npr.org/sections/health-shots/2016/07/16/485721853.

Huntford, R. *Shackleton*. Nueva York: Carroll and Graf Publishers, 1985.

Jung, C. G. *Aion: contribuciones al simbolismo del sí mismo*. En *Obras completas*, vol. 9-2, Madrid: Trotta, 2016.

Kabat-Zinn, J. *Full Catastrophe Living*. Nueva York: Bantam Books, 1990.

Karpman, S. 1968. «Fairy Tales and Script Drama Analysis». *Transactional Analysis Bulletin* 26 (7): 39-43.

Katie, B. *Loving What Is*. Nueva York: Three Rivers Press, 2002.

Kernberg, O. *Desórdenes fronterizos y narcisismo patológico*. Barcelona: Paidós, 2007.

Kohut, H. *Análisis del* Self. Buenos Aires, Argentina: Amorrortu Editores, 2015.

Kornfield, J. *Meditación para principiantes*. Barcelona: Kairós, 2012.

Mahler, M., y Pine, F. *El nacimiento psicológico del infante humano: simbiosis e individuación*. San Martín de los Andes, Argentina: Marymar, 1977.

McCullough, L. *Changing Character*. Nueva York: Basic Books, 1997.

McCullough, L., Kuhn, N., Andrews S., Kaplan, A., Wolf J. y Hurley C. 2003. *Treating Affect Phobia*. Nueva York: The Guilford Press, 2003.

Minuchin, S. *Familias y terapia familiar*. Barcelona: Gedisa, 2005.

Nhat Hanh, T. *La paz está en tu interior*. Barcelona: Espasa, 2012.

Ogden, T. *Projective Identification and Psychoanalytic Technique*. Northvale, Nueva Jersey: Jason Aronson, Inc., 1982.

O'Malley, M. *What's in the Way Is the Way*. Boulder, Colorado: Sounds True, 2016.

Organización de las Naciones Unidas. Declaración Universal de los Derechos Humanos. https://www.un.org/es/about-us/universal-declaration-of-human-rights.

Patterson, K., Grenny, J., McMillan, R. y Switzler A. *Conversaciones cruciales*. Madrid: Urano, 2022.

Perkins, J. *The Suffering Self*. Nueva York: Routledge, 1995.

Porges, S. *Aplicaciones clínicas de la teoría polivagal*. Barcelona: Eleftheria, 2019.

Robbins, A. *Controle su destino: despertando al gigante que lleva dentro*. Barcelona: Punto de Lectura, 2019.

Rosenberg, M. *Nonviolent Communication*. Encinitas, California: Puddle-Dancer Press, 2015.

Schore, A. *The Science of the Art of Psychotherapy*. Nueva York: W. W. Norton and Company, 2012.

Schwartz, R. *Sistemas de familia interna*. Barcelona: Eleftheria, 2015.

Siebert, A. *Survivor Personality*. Nueva York: Vantage Books, 1993.

Simpson, J. *Tocando el vacío*. Madrid: Edinumen, 2009.

Smith, M. *When I Say No I Feel Guilty*. Nueva York: Bantam Books/Random House, 1975.

Stern, D. *El momento presente*. Santiago de Chile: Cuatro Vientos, 2017.

Stone, D., Patton B. y Heen S. *Conversaciones difíciles: cómo dialogar sobre lo que realmente importa*. Barcelona: Grijalbo, 1999.

Stone, H. y Stone S. *Embracing Ourselves*. Novato, California: Nataraj Publishing, 1989.

Vaillant, G. *Adaptation to Life*. Boston: Little Brown, 1977.

Vaillant, G. *The Wisdom of the Ego*. Cambridge, Massachusetts: Harvard University Press, 1993.

Van der Kolk, B. *El cuerpo lleva la cuenta*. Barcelona: Eleftheria, 2020.

Wald, B. Entrevista personal, 2018.

Wallin, D. *El apego en psicoterapia*. Bilbao: Desclee de Brouwer, 2012.

Whitfield, C. L. *Healing the Child Within*. Deerfield Beach, Florida: Health Communications, Inc., 1987.

Wolynn, M. *Este dolor no es mío*. Madrid: Gaia, 2017.

Young, J., Klosko J. y Weishaar M. *Terapia de esquemas*. Bilbao: Desclee de Brouwer, 2013.

Sobre la autora

Lindsay C. Gibson es doctora en Psicología Clínica y ejerce en su consulta privada. Se ha especializado en el trabajo psicoterapéutico con hijos e hijas adultos de padres emocionalmente inmaduros. En el pasado, trabajó como profesora adjunta de Psicología impartiendo cursos de posgrado en el College of William and Mary y en la Old Dominion University de Norfolk, Virginia. Escribe una columna mensual sobre bienestar emocional en la revista *Tidewater Women* y, además de los dos libros sobre los hijos de padres EI, es autora de *Who You Were Meant to Be*. Vive y ejerce su profesión en Virginia Beach, Virginia.